L'INDE TAMOULE

L'INDE TAMOULE

PIERRE SUAU, S. J.

I30 ILLUSTRATIONS

D'APRES LES PHOTOGRAPHIES DE L'AUTEUR

DANS LA PAGODE DE SERINGAM

GYAN

Published by

Gyan Publishing House
5, Ansari Road
Daryaganj, New Delhi-110002
Phone: 011-47034999, 9811692060
E-mail: books@gyanbooks.com

Distribution Network
gyanbooks.com
India, USA, Canada, UK, Australia, France

ISBN : 978-81-212-3729-1 (PB)
First Published, Madras, 1901

2nd Impression 2020

Printed at: Gyan Press, Delhi.

L'Inde Tamoule
Author: Pierre Suau, S. J.

NOS MISSIONS FRANÇAISES

Pierre SUAU, S. J.

L'Inde Tamoule

130 ILLUSTRATIONS
D'APRÈS LES PHOTOGRAPHIES DE L'AUTEUR

DANS LA PAGODE DE SERINGAM

PARIS
H. OUDIN, ÉDITEUR
10, RUE DE MÉZIÈRES, 10

L'ÉTANG DU LOTUS D'OR, DANS LA PAGODE DE MADURA

A S. G. Mgr BARTHE

ÉVÊQUE DE TRICHINOPOLY

ET AUX MISSIONNAIRES DU MADURÉ

En témoignage de vénération.

P. S.

La seule préface que je veuille donner à ce livre, c'est cet éloge du missionnaire français tracé naguère par le glorieux Pape Léon XIII dans sa lettre au cardinal Richard :

« *Exilés volontaires, les missionnaires français s'en vont, à travers les tempêtes de l'Océan et les sables du désert, chercher des âmes à conquérir dans des régions lointaines et souvent inexplorées..... Ils se dévouent, sans attendre aucune récompense terrestre, jusqu'à une mort souvent hâtée par les fatigues du climat ou le fer du bourreau. Respectueux des lois, soumis aux autorités établies, ils n'apportent, partout où ils passent, que la civilisation et la paix; ils n'ont d'autre ambition que d'éclairer les infortunés auxquels ils s'adressent et de les amener à la morale chrétienne et au sentiment de leur dignité d'hommes. Il n'est pas rare, d'ailleurs, qu'ils apportent, en outre, d'importantes contributions à la science.* »

Puisse mon récit confirmer ces paroles, et mieux faire apprécier, par les âmes droites, la beauté de l'apostolat chrétien !

9 Juin 1901.

L'Inde Tamoule

CHAPITRE I

MARSEILLE. — COLOMBO. — TUTICORIN

Évasion d'ame. — Vision d'Orient. — Port-Tewfik. — En rade de Colombo. — Sosey Peter. Décor d'Asie. — L'Inde sacrée. — Mon premier vandi.

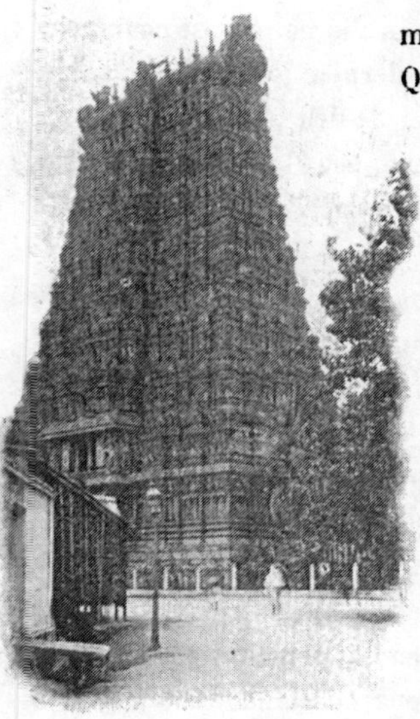

MADURA : UNE GOPOURA DE LA PAGODE

En mai 1899, mes vieux amis, devenus moroses, avaient de sombres pressentiments. Quelques-uns des jeunes s'étaient fait arrêter pour avoir crié dans les rues : « Vive l'armée! » Les préparatifs du jugement de Rennes agaçaient chacun. L'air du pays devenait lourd. Sur ces entrefaites, on me propose d'aller visiter la mission du Maduré. C'était ouvrir une brèche rose dans l'horizon noir qui nous enserrait! Par elle, un flot d'air vivifiant m'arrivait déjà.

La mission du Maduré! « C'est la plus belle, à mon sens, qui soit au monde », écrivait d'elle, en 1691, un missionnaire français. C'est la côte aimée de saint François-Xavier, le sol rougi du sang de Jean de Britto, l'ardent brasier où se sont consumées des vies héroïques! J'irai certainement. Durant quelques mois, je n'entendrai plus parler de l'*Affaire*. Je verrai de belles âmes d'apôtres. Comme Jacques Andarran, des *Morts qui parlent*, je découvrirai avec admiration un monde inconnu. J'apprécierai dans l'Inde, comme lui au Soudan, un de ces vastes trésors humains d'intelligence, de dévouement et de résolution, qu'amassent nos missionnaires non moins que nos soldats. J'irai puiser pour moi-même dans cette réserve d'héroïsme.

* * *

Donc, le 16 juillet, laissant derrière moi toutes ces choses tristes ou chères qui sont la France, je m'embarquais à Marseille sur *l'Australien*.

Peu de passagers. En seconde : quatre Petites Sœurs des Pauvres qui vont à Rangoun, des Français qui retournent au Tonkin, puis des étrangers. A ma grande honte, eux savent les deux ou trois langues vivantes qu'ils ont apprises au collège. — Au large, on est courageux : ma soutane n'effraie personne. Jusqu'au dernier jour, elle ne recueillera même que des marques de respect et de délicate sympathie.

La côte a disparu. La mer, très bleue, est à peine ondulée. Nous passons la Corse, Messine, la Crète, humant l'air pur, immobiles, ennuyés comme dans un tramway.

Le 20, à dix heures du soir, une vision d'Orient : Port-Saïd! — Peu de vaisseaux en rade. Sur les quais, fuyant, en face, une suite de cafés, d'où sort une musique agitée, grêle et discordante. Nous stoppons. Des chalands de charbon attendent, qu'éclairent de grands falots. Ils sont chargés d'Arabes noirs, que la lueur tremblante des torches colore de violents reflets rouges. Ils rament, chantant en chœur : *Ialla, hèlè! Ialla, hèlè!* Ils accostent et commencent leur besogne. La chaloupe de la santé nous rejoint, puis des canots blancs à raies vertes. Chacun fixe, sur son banc, une petite lanterne allumée. Les rameurs portent le *tarbouch*, ou un petit turban, la *galabieh* bleue, ou blanche, ou jaune. Les barques sillonnent la rade, légères et silencieuses. Un chaland charrie la boucherie; un autre, des fruits, dont le parfum nous embaume. La musique grêle continue au loin. Le ciel ruisselle d'étoiles. La nuit est

DANS LE CANAL DE SUEZ

fraîche; et, resté presque seul sur le pont, j'aspire, jusqu'à deux heures du matin, ce charme de l'Orient entrevu.

A quatre heures, nous entrons dans le canal aux berges jaunes. A droite, l'Égypte. D'abord le lac de Menzaleh, où des milliers, il faudrait dire des millions de cormorans, d'ibis roses et de cigognes forment des îles onduleuses et flottantes. Puis, une côte aride, avec, de loin en loin, des stations, — des gares, comme ils disent, — formant oasis. A gauche, c'est le désert arabique : une berge ravinée, sur laquelle l'Administration du canal essaie en vain d'obtenir un simulacre de végétation; puis, le sable. Des caravanes de Bédouins le sillonnent. Ces malheureux n'ont pour aliment que le lait de leurs chamelles. Aussi courent-ils vers le bateau, les mains tendues. Un passager leur lance-t-il du pain, ils dévalent soudain de la berge, et vont le pêcher dans l'eau.

Une gracieuse hospitalité me permet, à Port-Tewfik, de jouir d'une halte de quelques heures.

Sur un quai bien ombragé, que bordent de jolies maisons neuves, courent des âniers en galabieh bleue, montés sur des baudets tout fiers de leurs colliers de sequins.

Je porte des nouvelles d'enfants laissés en France, mes élèves.

Comme on les écoute! Comme les regards m'interrogent, avides! Comme on est joyeux de leurs succès! Mais il faut interrompre cette escale charmante, et regagner *l'Australien* dont les feux brillent dans la rade, dont la sirène beugle dans la nuit.

La mer Rouge : trente-cinq degrés à l'ombre! On ruisselle; et, sur le pont, la nuit, perdu dans un demi-sommeil, je rêve que je suis assis à la gueule d'un four. D'ailleurs, calme absolu : aucune écume à la crête des vagues; bientôt même, plus de vagues!

Le 25, fête de saint Jacques, nous dépassons Guardafui. Aussitôt, à l'avant, la mer monte jusqu'aux vergues, puis disparaît dans le gouffre. Le roulis s'unit au tangage. L'homme est un roseau, le plus faible de la nature, et, quand il a le mal de mer, il n'est même plus un roseau pensant. Livides, affalés dans l'entre-pont, commissaires coloniaux, ingénieurs, pharmaciens de la marine, râlent côte à côte. C'est la mousson du sud-est qui rafraîchit la température, et qui émeut nos estomacs. Du reste, patience : voici Colombo!

Autour de *l'Australien*, manœuvrent des barques de toutes les formes : canots, lourdes gabarres que des hommes de bronze dirigent à l'aide de longues pagaies, pirogues à balancier, étroits radeaux formés de quatre madriers, sur lesquels rament, avec une écorce de bambous, cinq petits noirs accroupis. Ces radeaux dansent au sommet des vagues, puis disparaissent submergés, tandis que leur équipage nous crie : « A la mer! à la mer! à la mer! » — Des passagers leur jettent quelques pièces d'argent. Plus prompts qu'elles, ils plongent et les saisissent, au risque d'être happés par un requin.

J'assistais à ce spectacle, quand un Indien m'aborde. Jolie figure intelligente, les cheveux ramassés en chignon, une casaque jaune, un grand pagne blanc, ou *vetti*, tombant à terre comme une robe. Il se met à genoux, et me baise la main en me tendant une lettre. A ces salamalecs, je reconnais Sosey Peter, Paraver de Tuticorin, qu'on avait envoyé à ma recherche. Il indique mes caisses à des coolis qui les enlèvent prestement, et les chargent sur *l'Hindu*, le steamer anglais qui m'emportera ce soir. — Puis, nous débarquons.

CEYLAN : UN MOUDÉLIAR

Colombo : le merveilleux décor! De la terre rouge jaillit une opulente et sombre verdure. Dans les principales avenues, de grands hôtels vulgaires, blancs ou rouges — cet affreux rouge-brique qu'adorent les Anglais. Les rues sont remplies de magasins dans les beaux quartiers, d'échoppes dans les autres. Toutes les races indiennes se croisent : l'Afghan au turban en pointe, à la courte veste serrant une blouse qui pend sur de larges braies, le musulman de Ceylan au tarbouch de soie jaune, le Cyngalais, le peigne d'écaille dans les cheveux. Tous les véhicules, depuis les tramways électriques et les fiacres, jusqu'au *rickshaw* (pouss-pouss), que tire un Tamoul maigre et agile. Des vandis se succèdent, traînés par de petits zébus blancs, noirs, roux, la robe tatouée de figures ou de lettres sacrées.

On sent, dans ce pays, que tout ce qui a vie doit s'épanouir en plein air, en pleine lumière. La foule se presse, affairée. Elle a toutes les teintes du bronze. Des torses et des bras superbes se dégagent de vettis blancs, rouges, nuancés. Sur un pouss-pouss, passe un gros Indien au pagne de mousseline, une lourde chaîne d'or au cou, ou des officiers anglais, au casque blanc à pointe de cuivre. Il faudrait des albums, pour aquareller toutes les scènes de genre, toutes les échoppes, toutes les attitudes, tous les costumes qui égayent et bariolent la route. Voici une chapelle catholique, une mosquée, un temple hindou aux sculptures grotesques.

Sosey Peter veut me mener au vieux quartier, chez un Paraver de ses amis. *Your house*, me dit le maître en m'accueillant. Cela sonne comme le *su casa de usted* des Espagnols. Du reste, on se croirait dans un *pueblo* andalou. L'ameublement est analogue, et la cordialité est pareille. Les hommes m'entourent, en long pagne blanc. Quelques vestes, en guise de boutons, étalent six louis d'or de Napoléon. C'est la mode paraverte. Ils ont, aux oreilles, un grenat monté en or. Le bétel, qu'ils mâchent, rend leurs dents et leurs lèvres sanguinolentes.

Le Père, le *swami*, ne peut sortir d'une maison chrétienne sans la bénir. Ils me tendent un flacon d'eau bénite. J'en asperge puissamment hommes, murs et meubles.

*
* *

Deux vestes à boutons d'or m'accompagnent au port. Sous le vaste hangar du débarcadère, s'agite une foule de toutes les couleurs. Un scapulaire, étalé crânement sur leurs poitrines nues, désigne des catholiques. Ils me saluent en joignant les mains et en inclinant la tête. Oh ! les braves gens, et que je les aime déjà !

Le pont de *l'Hindu* est encombré par un groupe étrange : bleu, rouge, jaune. Les hommes, coiffés d'un énorme turban jaune, portent un vetti orange, des sandales à leurs pieds nus, une casaque rouge aux inscriptions tamoules brodées en blanc. Les femmes ont des sortes de toges jaunes, rouges ou bleues : je les prenais pour des charlatans, ou pour un cirque en voyage. Ce sont des membres de la *Salvation Army*, un peu plus ridicules dans l'Inde qu'ailleurs.

Le steamer n'est que de huit cents tonnes. Il danse horriblement dans le golfe de Manar, ce qui met en déroute l'Armée du Salut. Il ne reste sur le pont qu'une dame à toge bleue, mère d'un charmant baby. Son mari, jovial, turban jaune, pagne orange — M. Jourdain en mamamouchi — s'étend à terre, la tête contre un oreiller. Son turban roule, il fait pitié.

Une lumière blanche inonde le pont. Une frange d'écume phosphorescente s'attache au navire. Des vagues noires, jaillissent, étincelantes, des gerbes de rubis et d'émeraudes. Sous un ciel d'un bleu sombre, qui semble très haut, et que les diamants constellent, nous avançons, bercés par un roulis très lent.

CEYLAN : UN NOTABLE KANDYEN

Le lendemain, à huit heures, la côte apparaît, basse, jaune, bordée d'une ligne d'un vert doré. C'est l'Inde sacrée, la mystérieuse! Malgré ses six mille kilomètres de côte, l'immense péninsule est inhospitalière. Elle n'a guère de ports naturels. D'un difficile accès pour l'étranger, elle garde jalousement ses fils, et interdit l'expatriation aux hautes castes. Loin de sourire au voyageur et de l'appeler, ses côtes le tiennent à distance. Pourtant les Paravers de Tuticorin seraient le plus accueillant des peuples.

Nous stoppons à six milles du rivage : une chaloupe à vapeur va nous mener à terre.

J'y descends des premiers. L'Armée du Salut nous suit. M. Jourdain porte une boîte à violon, sa femme, une mandoline : cela leur manquait. Nous sommes à peine assis à l'arrière, qu'une avalanche de chair humaine tombe dans la chaloupe. Parsis au turban noir, au teint bistre, Hindous jaunes, bruns, noirs, au pagne blanc, au pagne rouge, Musulmans au turban vert ou blanc. On les pousse d'en haut. Ils sautent, effarés. Il en tombe environ deux cents, qui avaient voyagé empilés dans la cale.

UN TCHETTI TAMOUL

(Cl. Skeen)

La cargaison vivante placée, nous partons. Non loin de moi est un grand Tamoul, assez dédaigneux. A son cordon, à son grand air, on le prendrait pour un brahme. Il toise les autres hautainement, en cousin des étoiles, en fils des dieux qu'il est. Mais quelques coups de tangage ont raison de sa fierté. Il s'affaisse, et, — tout fils des étoiles qu'il est, — ventre à terre, il cède à l'humiliante misère.

Sur une plage à pente assez raide, des canots et des pirogues renversées, une estacade et un wharf en bois pour le débarquement. Au second plan, quelques grandes fabriques, une église très blanche; puis, un groupement confus de maisons assez basses et de masures, abritées par un fouillis de tulipiers et de palmiers : c'est Tuticorin.

Un vandi, attelé de deux zébus blancs, attend sur la plage. Une soutane blanche en descend. J'y monte bientôt moi-même, et, bercé encore par un roulis imaginaire, je gagne lentement la résidence de la mission.

CEYLAN : CHAR INDIGÈNE

ÉGLISE DE TUTICORIN

CHAPITRE II

DE TUTICORIN A MADURA

MON CHAMP DE MANŒUVRES. — LES TAMOULS. — LA CITÉ DE SAINT FRANÇOIS. — AQUARELLES. — LES RECOLLEURS D'OREILLES. — PARURES DE FEMMES. — INSTANTANÉS DANS UNE STATION. — BRAHMES VENDEURS D'EAU. — TIRAPOURAKUNDRAM.

Quiconque voudrait se faire de l'Inde une idée complète, ne devrait pas s'arrêter dans la présidence de Madras. Brûlant les premières étapes, et après avoir vu le Travancore, le Maduré et le Maïssour, il devrait passer dans la présidence de Bombay, y visiter les Mahrattes de la côte ouest, sillonner le Dekkan, puis, remontant l'incomparable vallée du Gange, parcourir l'Assam, le Bengale et le Pendjab, jusqu'à Lahore, jusqu'à l'Indus.

Il reviendrait, à la fois ébloui par les splendeurs en ruine, restes de l'empire mogol, et confondu de ce que, dans cette immense péninsule de 932.000 lieues carrées, séjour aujourd'hui de 287 millions d'hommes, aucun peuple, depuis des siècles, n'ait su fonder une nation.

Gigantesque impasse, fermée, du côté de l'Océan, par la nature des côtes et par les prescriptions de Manou, et dans laquelle, du nord au sud, les races ont poussé les races, l'Inde lui laisserait une impression de vétusté et d'enfance, de monotonie et de bigarrure. Il plaindrait ses habitants, troupeau de peuples manqués, qu'un maître étranger gouverne, plus aisément que les enfants de leurs villages ne mènent les grands buffles gris!

Je n'avais pas à visiter l'Inde, mais simplement à étudier la mission du Maduré (diocèse de Trichinopoly), dont les bornes sont, au nord, le Cavery, à l'ouest, les monts Cardamomes, au sud et à l'est, l'Océan : en tout, 44.648 kilomètres carrés, comptant 5.132.000 habitants.

Ce coin de l'Inde, heureusement, n'est pas banal. Au point de vue religieux, il constitue une des plus belles missions catholiques, puisqu'il contient deux cent dix mille fidèles, chiffre que, seuls, atteignent les diocèses de Goa et de Pondichéry [1]. Au point de vue ethnique, s'il est le plus arriéré, cet angle extrême de l'Inde méridionale est le plus hindou, celui que les mœurs occidentales ont le moins perfectionné et le moins altéré, où l'on retrouve encore le mieux les vieux usages et les lointaines traditions.

Les habitants sont tous des Tamouls, ceux des Dravidiens dont la fortune a le plus d'avenir, dont le vocable est le plus riche, et la littérature la plus parfaite. Pour être plus ramassé, mon champ d'observation n'en devait donc pas être moins riche.

La mission du Maduré se subdivise en trois districts. Celui du nord embrasse la partie du *zillah* de Trichinopoly qui s'étend au sud du Cavery, enclavant le petit État de Poudoukottah; les districts du centre et du sud correspondent aux *zillahs* de Madura et de Tinnevelly. Chaque district, à son tour, est partagé en *pangous*. Le nord comprend sept pangous; le centre, douze; le sud, quinze. Chacun, confié à un ou deux ou trois missionnaires, contient, dans son rayon, de dix à cent quarante villages, et de trois mille à treize mille chrétiens, séparés souvent par d'énormes distances.

[1] Avant que celui-ci ait été divisé en archevêché de Pondichéry et en évêché de Kombakounam.

FAMILLE PARAVERTE

Mais, tandis que je cause avec le cher missionnaire, prématurément blanchi, qui est venu me recevoir au port, nos petits zébus blancs nous ont déposés dans la cour de la résidence de Tuticorin. La maison est un assez long bâtiment, terminé, à l'ouest, par une petite chapelle gothique aux clochetons gracieux; à l'est, par une aile en marteau, abritant l'école des garçons. A l'est encore, cent mètres plus loin, est la grande église, d'un vulgaire style grec, sans voûte et peu solide, mais vaste, très propre, et d'un blanc de chaux éclatant.

La cour est plantée de tulipiers et de margousiers. Les corbeaux et les *anipillays* (rats palmistes) y font un sabbat sans trêve. Rien n'est, du reste, sacré pour ces indiscrets animaux, les plus impertinents de la création.

Sur 25.000 habitants, Tuticorin compte 5.060 catholiques de notre juridiction, et un groupe assez considérable dépendant de l'évêque portugais de Méliapour. De ces chrétiens, aucun ne mourrait sans sacrement; la plupart sont pieux; 800, me dit-on, sont fervents; et, aux jours de fête, les deux ou trois prêtres de la maison ne suffisent pas à entendre les confessions. Les Paravers ont l'amour de leur église. Jadis, aux beaux temps de la pêche des perles, ils offraient des ornements merveilleux; témoin, cette chasuble chargée de perles, et valant deux cent mille écus, que vit, en 1622, le P. de Rhodes. Aujourd'hui, bien que ranimée par le commerce avec Colombo, Tuticorin pleure encore sa gloire passée.

Elle abritait autrefois moins de païens, la chère cité de saint François-Xavier. Aujourd'hui, beaucoup y sont venus, attirés par le chemin de fer, et par une filature de coton, qu'on exploite même le dimanche. Les catholiques y tiennent pourtant encore le haut du pavé ; ce sont des catholiques au cœur chaud, à la tête de température égale, généreux, ardents, parfois susceptibles, toujours sympathiques.

Dans les rues sablonneuses, aux courbes bizarres, toute la ville est répandue. Comment rester en ces maisons étroites et basses, quand dehors, dans un air infiniment pur, coule une si pénétrante lumière ?

Les boutiques ne consistent qu'en une devanture, et s'ouvrent en plein air. Chacune demanderait d'être reproduite en aquarelle, tant elle est pittoresque. Un menuisier maintient une planche avec ses doigts de pied, qui lui servent d'étau, et varlope au ciseau. Un barbier, assis en face de son patient, lui adoucit la peau avant de l'opérer. Il rase avec un rasoir. Jadis, paraît-il, on le faisait et, dans certains endroits, on le fait encore, avec des éclats de verre de bouteille. Un marchand d'huile compte ses mesures. Accroupi à côté de sa légère devanture, le boutiquier cause avec les passants. Une odeur de poivre et de cannelle imprègne les rues. Du mouvement partout ; mais ni cris ni bruit, sauf, peut-être, celui, très monotone, d'un chant qui traîne.

Les Paravers, comme les Cyngalais de Ceylan, sont vêtus d'un long pagne ou *vetti*, tombant droit jusqu'à terre. Le Paraver tant soit peu citadin porte aussi une veste fermée. Il est coiffé d'une petite toque plate, ou d'un foulard roulé en turban, et dont la pointe s'étale sur son front. Les femmes, comme toutes les Tamoules, s'enveloppent du *silé*, un des

UNE RUE

plus gracieux vêtements qui soient, et un des plus aisés à confectionner. C'est une longue pièce d'indienne, rouge le plus souvent, ou jaune ou verte, d'un mètre de largeur, de cinq à six mètres de longueur. Elles l'enroulent d'abord en guise de robe, puis l'amènent sur leur poitrine, la relèvent sur l'épaule gauche, et la laissent retomber en arrière. Quand elles vont à l'église, les Paravertes portent, en outre, le *toupati*, qui ressemble au grand capulet des Pyrénéennes. Celui des femmes mariées est blanc, celui des jeunes filles est de couleur.

Dans les rues, de charmants groupes d'enfants. Les tout petits sont vêtus d'innocence, ou d'une ficelle à laquelle est attaché un grelot. « Pourquoi cette ficelle ? demandai-je à une mère. — Eh ! Swami, il faut bien qu'il soit vêtu ! — Et ce grelot ? — Pour que je sache où il est ! » Je me rends à ces deux raisons. Les fillettes ont aux reins une chaînette d'argent, ou un cordon, auquel est suspendu un bijou en verre, en argent, ou en or. Quand elles grandiront, on percera leurs oreilles — un vrai supplice ; — on augmentera la blessure en y attachant des anneaux de plomb, jusqu'à ce que les lobes, réduits à un ruban de chair, touchent à l'épaule. Ces pauvres oreilles se rompent parfois; auquel cas, il est une caste chargée de les recoller.

Cette mutilation sauvage est la seule faute de goût que je relève dans le costume indien. Une autre aussi pourtant : c'est l'excès des bijoux sur les enfants, à certains jours de fête.

TYPES TAMOULS

(Cl. Skeen)

La femme tamoule les emploie d'ordinaire discrètement. Elle porte un long collier d'or, ou tout au moins, de corail; aux poignets, un bracelet d'or ou d'argent; un autre aux chevilles, et des anneaux d'argent aux doigts des pieds. Quand elle s'avance, de sa démarche souple que rien ne gêne, portant, sur sa hanche, une cruche de cuivre au galbe exquis, alors, son silé rouge, sa teinte de bronze, et le cuivre de l'urne, et l'or des bijoux, forment une symphonie de couleurs que le soleil fait délicieusement vibrer. Aux jours de fête ou d'opulence, le silé d'indienne est remplacé par une étoffe de soie lamée d'or; les colliers d'or abondent; aux oreilles, au nez, pendent des grappes de perles. Au sommet du chignon, elles fixent une plaque d'or ciselé, d'où partent, vers le front et vers les deux tempes, deux lignes d'or et de perles. Leur gîte est misérable, mais tout leur bien est en parures. Ce qui ne veut point dire que ces gens soient fortunés. Dans ce pays de lumière, ils comprennent, avec cet instinct naïf des enfants et des artistes, qu'il faut tout sacrifier à la fête des yeux, au rayonnement des splendides couleurs.

Je fais le tour d'un étang sacré, aux larges escaliers de pierre. Il a été creusé par les anciens Paravers, d'avant saint François-Xavier. Au moment où j'en approche, une cinquantaine de femmes débouchent du côté opposé, et descendent, en groupe, puiser de l'eau. Quel tableau! Ces silés multicolores, ces cruches de cuivre, ces démarches de reines, et le soleil du soir empourprant l'air, et projetant sur l'eau l'ombre tremblante des cocotiers!

Le 2 août, avant de quitter Tuticorin, je dis la sainte messe dans la grande église. Elle est pleine, car c'est la fête de la Portioncule. Je distribue deux cents communions, et suis profondément édifié de la tenue fervente des Paravers. Mais cette tenue n'est pas la nôtre, froide et muette. Chacun prie à sa guise, fort, s'il le veut, et en modulant sa prière en un chant très doux et très expressif. A l'élévation, tous les assistants éclatent en un murmure de prières qui va *crescendo*, puis qui meurt. Et tout cela non par laisser-aller, ni par sans-gêne, mais par conviction, avec foi.

Aussi bien, les oiseaux voltigent sur nos têtes, et, dans l'église, les petits bengalis chantent pour le bon Dieu, sans que personne s'en trouble, et sans qu'un suisse ridicule s'arme pour les chasser.

* * *

Je reviendrai voir la côte dorée des Paravers. Il faut, en attendant, gagner Trichinopoly, non plus, comme autrefois, en char à bœufs, ou dans ces impossibles pataches qu'on appelait le *Royal Mail*, mais dans les très confortables wagons du *South India Railway*.

La plaine, autour de nous, s'étend en nappe à peine ondulée, immense alluvion qui a noyé toutes les vallées, et d'où émergent, de loin en loin, d'énormes blocs de gneiss, arêtes d'une ossature enfouie.

A l'ouest, les montagnes du Travancore, très hautes, que des flocons de nuages, accrochés à leurs sommets, semblent couronner de neige. Des champs de coton, terre excellente, mais noire et dure, qu'essaient de fendre de beaux laboureurs noirs, luisant sous le soleil. Appuyés sur de légères charrues, ils poussent de petits bœufs roux. Quatre attelages se suivent, et tracent des sillons parallèles. Des troupeaux de zébus, de chèvres, de moutons, — moutons sans toison, chèvres maigres et hautes, races dégénérées, — de grands buffles gris, difformes, lourds, toujours traînants, l'air lamentablement bête.

Parfois de jolis bouquets de cocotiers; des villages composés surtout de paillottes, qu'on prendrait pour des meules mal faites, et, quand on les incendie, qui flambent en quelques minutes. En somme, un pays pauvre, mais, pour tout transfigurer, les masures et les sables, une lumière ardente, qui avive toutes les couleurs, qui flamboie dans l'air, et qui, à d'énormes distances, laisse aux ombres leur netteté.

Beaucoup d'indigènes dans le train. L'Indien adore de voyager, et, en troisième, il voyage ici pour presque rien. Aux stations, sur des quais bien propres, dans l'éblouissante lumière, le plus pittoresque

BARBIER INDIEN

va-et-vient. De beaux éphèbes, au torse délicat, ceints d'un long pagne gracieusement drapé, circulent, soutenant, à la hauteur du front, un plateau de bananes, ou des pistaches, ou des mangues, ou de petits gâteaux. Chacun chantonne le nom de sa marchandise : *Palam! Sirumaley Palam!* dit le marchand de bananes; *Maambalam!* dit l'homme aux mangues; *Pâal, cape!* (lait, café) glapit, d'un ton suraigu, une vieille femme au chignon blanc, drapée de rouge, vraie sorcière de tragédie... Un cri revient plus souvent : *Tannir!* de l'eau! Toute caste peut recevoir de l'eau des mains d'un brahme; mais lui n'en peut accepter que d'un brahme. Aussi est-ce toujours un brahme qui vend l'eau dans les gares. Il la verse dans les gobelets, les *sembous* de cuivre qu'on lui tend et auxquels l'Indien boit sans y porter les lèvres. Si un homme de basse caste, si un paria a soif, il s'accroupit devant le brahme, les mains disposées en coquille devant sa bouche. D'en haut, le brahme lui verse de l'eau que l'autre boit la tête renversée.

Quant aux Européens, un wagon contient pour eux du *soda water*, ou de l'eau à la glace. Un *bottler*, au monumental turban rouge, passe aux portières en demandant doucement si l'on veut quelque chose; et il le porte aussitôt. Toutes ces scènes s'exécutent sans cris, sans ces empressements des gares européennes, sans même beaucoup de paroles. La foule indienne est douce, point bavarde, presque timide.

Mais voici qu'à l'ouest l'horizon se rétrécit. L'Alighiri, un chaînon détaché des Cardamomes, avance dans la plaine ses sommets bleus. La campagne s'égaie. Les rizières d'un vert éclatant s'étendent à côté de nappes d'eau, où barbotent des enfants. Les montagnes approchent. Leurs flancs sont d'un vert sombre. A l'est, dans la plaine, quelques buttes de gneiss se dressent, isolées. Une surtout, dont la silhouette rappelle un éléphant couché, est sacro-sainte. Des pagodins la couronnent. Des escaliers sont taillés dans son granit. A ses pieds, au milieu d'un gros village, s'élève la *gopoura* (tour) vermeille d'une grande pagode; et, tout près de la voie, au seuil d'un temple, deux colossaux Ramas en pierre regardent, les mains jointes, l'air stupide. Quand, de sa retraite du nord, Rama vint à Ceylan reprendre sa femme Sita au bandit Ravana, il atteignit la mer en quelques bonds, et, dans sa course, son pied sacré se posa sur ce roc de Tirapourakundram.

Nous dépassons l'Alighiri. Aux pieds du dernier mamelon, coule le Vaïkai, que nous traversons sur un beau pont très élevé. Autour de nous les routes s'animent. Enfin, dans un océan de cocotiers, Madura apparaît, dressant, sur le fond bleu des monts de Siroumaley, les campaniles d'or et les gopouras de sa pagode.

Je m'assieds à la turque dans un petit vandi, et, au trot d'un bœuf minuscule, je vais à la *Catholic Church* qui est à l'autre bout de la ville.

TIRAPOURAKUNDRAM

MADURA : LE TEPPAKOULAM

CHAPITRE III
MADURA

L'ATHÈNES HINDOUE. — M. BLACKBURN. — LE PALAIS AUX PERRUCHES VERTES. — L'ÉTANG SACRÉ. — LA PAGODE DE MINATCHI. — LES JOYAUX DE LA DÉESSE. — LE MANDABAM. — L'ŒUVRE DE DIEU. — TRISTESSE D'APÔTRE.

L'ancienne capitale du royaume des Pandyas, la reine du Sud, au temps d'Alexandre, Madura, conquise au XVIe siècle par les Nayakers, gouvernée depuis par eux, s'est rendue aux Anglais en 1801. Elle n'est plus, depuis, que le chef-lieu d'un district administré par un collecteur. Mais qu'elle est artistique! et que les différents séjours que j'y ai faits, me l'ont rendue chère!

Non pas que ses rues renferment des palais. Ses maisons, en général, sont étroites et basses, blanches ou jaunes, précédées d'un perron de quelques degrés, sous lequel passe un ruisseau sale, seul égout de la ville. Des deux côtés de la porte, le sol, en terre battue ou en pierre, forme un étroit abri protégé par de larges auvents, où, le jour, les gens s'asseoient, où, la nuit, ils s'étendent et dorment.

Beaucoup de pagodins; des maisons de brahmes riches, à un ou deux étages de terrasses, bariolées de grossières peintures jaunes et bleues; le palais du chef de la pagode, dont le haut portail, sculpté comme un vestibule de temple, laisse voir des *Pulléars* ventrus, devant lesquels brûlent des lampes. De nombreuses boutiques en plein air. Des masures, en somme, qui, ramassées sous un ciel gris, seraient déplaisantes. Mais Madura avait, il y a cinquante ans, un collecteur hardi et loyal, M. Blackburn. Pour donner aux Indiens l'idée du droit individuel, il montait parfois à cheval, et se lançait, à bride abattue, dans une rizière mûre. Il la dévastait, et, le lendemain, forçait le propriétaire effaré à lui dresser un procès en dommages-intérêts, et à le gagner.

M. Blackburn a voulu aussi bâtir Madura. Il a donc commencé par la brûler; puis, sur ses ruines, il a tracé, autour de la grande pagode dégagée, une série d'hexagones concentriques, formés par de larges avenues auxquelles de belles rues droites donnent accès. De ce fait, Madura est une ville: les corbeaux et le soleil suppléent aux insuffisances du service de sa voirie, et la divine magicienne, la lumière du bon Dieu, se charge de transformer ses rues. Grâce à elle, on ne remarque plus les masures; on est réjoui par le sol doré, par les sculptures grossières, mais qui vibrent, qui vivent sous le soleil, et surtout par les groupes incomparables qui se renouvellent à chaque pas.

Aucune ville indienne ne m'a paru plus immuablement hindoue que Madura. Les Anglais, qui ont l'art de gouverner sans se montrer, y paraissent peu. Ils ont, hors ville, leur *cantonment* aux bangalows confortables. Ils y demeurent. Ici, plus de confusion de costumes et de races comme à Colombo: rien que les castes du pays. Beaucoup de brahmes, beaucoup de tisseurs de soie, au joli teint d'un léger brun doré, des odéages ou cultivateurs. Sur le pas des portes, des groupes d'enfants d'une admirable pureté de lignes. Partout, des hommes au vetti blanc ou rouge, au beau torse nu, sur lequel flotte une écharpe de toile ou de mousseline blanche. Nulle part les femmes ne savent se parer avec une plus sobre splendeur. Au cou, un ou deux beaux colliers d'or vert ou jaune; et, pour en paraître plus blanches, des silés d'un bleu ou d'un violet sombre, à grandes bandes de pourpre. Toujours, sur la hanche, la cruche de cuivre poli; nu-pieds, il va sans dire. Les Mahométans portent presque tous des babouches ou des sandales; les

Hindous, surtout les Hindous riches, les imitent. Le grand genre est encore, pour ceux-ci, de porter, en guise d'ombrelle, un parapluie européen, noir ou rouge. Mais une femme qui se servirait d'ombrelle ou de sandales, tomberait dans le dernier ridicule.

MADURA : L'ÉGLISE CATHOLIQUE

A l'extrémité d'une longue avenue, j'aperçois enfin deux hautes tours, entre lesquelles on devine un dôme. C'est l'église catholique. Tours et dôme supportent une croix, et, de loin, ont assez grand air. De près, derrière les belles tours, on ne trouve qu'une chapelle insignifiante, que, le dimanche, les enfants suffisent à remplir, ce qui contraint les fidèles à rester dehors.

Sur une population de quatre-vingt-six mille habitants, Madura compte deux mille catholiques, six à sept cents protestants, cinq mille mahométans ; les autres sont païens, et leur paganisme s'affirme, moins encore par leur nombre, que par la splendeur de leurs monuments.

Quatre monuments surtout rendent Madura célèbre : le palais de ses rois Nayakers, son *teppakoulam*, ou étang sacré, sa pagode et son *mandabam*.

Le palais des anciens rois Nayakers couvrait jadis la moitié de la ville et rejoignait la pagode. Ce qui en reste, bâti au début du XVIIIe siècle, se compose d'une immense cour, semblable aux *patios* des palais espagnols, et arrêtée, aux angles, par des tourelles couronnées de dômes. Plus de plafonds en plate-bande, posés sur des piliers biseautés, ce qui est le style hindou. Ici, les arcades sont soutenues par de belles colonnes toscanes, sans piédestal, dont l'entablement est surchargé, à l'indienne, de fantastiques cariatides : griffons, éléphants, chevaux cabrés. La présence d'un style dérivé du grec, et la régularité seule de l'édifice accusent l'œuvre d'un architecte européen, ou, tout au moins, l'influence de l'art hindou-arabe des Mogols. Les cloîtres donnent sur de vastes salles, de même style, qui servent aujourd'hui de cour de justice. Sur les chapiteaux blancs des colonnes, voltigent des perruches vertes. Des dômes, où nous montons, nous dominons la ville aux belles avenues, sur laquelle flamboient les coupoles d'or de la pagode.

Au sortir de la ville, nous passons le Vaïkai, superbe fleuve après les pluies, aujourd'hui lit de sable doré où brillent seulement quelques nappes d'eau. Des femmes y lavent leur toile ; des bœufs s'y rafraîchissent. Une épaisse bordure de cocotiers et de tamariniers couvre les berges.

Une large route, ombragée de banians, nous mène au teppakoulam, étang sacré, un des plus beaux de l'Inde. Derrière un massif parapet de granit rouge, orné de monstres, règne une large avenue dallée, d'où de grands escaliers mènent à l'étang aux eaux vertes. C'est un carré de trois cents mètres de côté. Au centre, un îlot élevé, planté de cocotiers, supporte un pagodin de pierre blanche. La nuit, aux grandes fêtes de Minatchi, l'îlot se couvre de lumières, et une barque richement ornée porte l'idole au pagodin.

Mais la pagode de Madura reste encore son plus bel ornement, si l'on peut parler de beauté quand il s'agit d'une pagode. Commencée vers 1520, par Visvanâdha Nayaker, elle aurait été surtout construite par le roi Taroumala Nayaker, mort en 1659.

Le type primitif de la pagode indienne est évidemment la caverne, basse, obscure et fraîche, divisée en nombreuses nefs par de longues lignes de piliers de pierre, et creusée en vue d'offrir de vastes lieux

d'asile. Son principal ouvrage d'architecture à l'air libre, est la gopoura, pylône immense, plus élancé que le pylône égyptien, et tout couvert de sculptures en haut-relief. Un teppakoulam, entouré de cloîtres, complète une pagode [1].

MADURA : PALAIS DES ROIS NAYAKERS

Dédiée à Minatchi, triste femme d'un sire plus triste encore, le dieu Sundaresau [2], la pagode de Madura couvre environ vingt hectares. A chaque point cardinal s'ouvre une porte, dominée par une très haute gopoura. La sculpture hindoue n'est que la végétation de l'architecture, mais végétation folle, cherchant à surprendre, à fasciner, à duper l'imagination. Aucun sens, aucune recherche du beau. Du fantastique, du grotesque, et l'obscène histoire de leurs dieux, racontée toujours dans des reliefs qui gambadent. Les gopouras sont légèrement teintées au rouge de saturne, ce qui ajoute à la chaleur de ton que leur donne le soleil.

[1] Les teppakoulams figurent toujours dans les pagodes dédiées à Siva, mais non dans les pagodes de Vichnou.

[2] Appelé aussi Sokker ou Chokalingam, noms divers du même Siva.

Seul, dans la pagode hindoue, le teppakoulam est artistique. Dans la cour aux lotus d'or, celui de Madura s'ouvre au milieu d'un vaste cloître, dont les murs portent, peinte à la fresque, l'histoire de Rama. Aux escaliers, des fidèles se baignent, l'eau sainte de cet étang purifiant l'âme de toute souillure. Un diableur nu, la tête coiffée d'un vase de cuivre, pousse, penché en avant, des cris fous, en se tapant les joues. Les gopouras vermeilles forment un fond, qu'égayent les palmes opulentes de quelques cocotiers. Cet endroit repose vraiment la vue.

Mais dans les immenses salles aux piliers badigeonnés à la chaux, quelle tristesse, et, en somme, quelle laideur! D'énormes monolithes de granit, patiemment fouillés, représentent une série de dieux ridicules : Pulléars pansus à tête d'éléphant ; dieux à trois têtes, signe d'intelligence, à quatre bras, signe de force, à quatre jambes, signe de vitesse. Tous, huilés par les fidèles, d'une huile fétide. Dans une sorte de baignoire, un taureau de granit, très beurré, très huilé, très vénéré. Des niches plus sombres, où se dressent d'énormes dieux de granit noir : Siva, sa femme, ses compères. Quelques édicules plus petits dont les lampes éclairent un affreux pulléar, ou bien Subramaniam assis sur un paon. Dans deux sanctuaires, où l'on nous défend d'entrer, deux poteaux en or, l'un d'une douzaine de mètres, l'autre plus petit, émergent du toit, et sont surmontés de campaniles, en or également [1]. C'est le saint des saints ; c'est le dernier mot du brahmanisme : c'est le lingam, le phallus, fétiche infâme qui se dresse dans toutes les pagodes sivaïtes, sur toutes les routes, qui pend au cou de beaucoup de païens. C'est l'oracle, énigmatique et clair à la fois, plus compris qu'aucun Véda et qu'aucun Pourana par cette foule malheureuse, réduite ainsi au culte de Priape.

Dans ces dédales de salles et de cours, aucun recueillement, il va sans dire, aucune prière. Des vaches sacrées circulent en paix, que chacun respecte. Cinq éléphants se dandinent sous un portique. Quelques fidèles font des prostrations devant le *Kaléar* (seigneur taureau), le bœuf de granit. Des pierres, couvertes de cendre sacrée, sont

[1] Le grand dôme d'or vaudrait 750,000 francs.

MADURA : PÉRISTYLE DE LA PAGODE (Cl. Skeen)

placées de loin en loin. Les passants y portent la main, puis se marquent le front.

Je suis souvent revenu à la pagode de Minatchi. La dernière fois, j'avais été précédé par une très chaude recommandation du grand juge de Palamcottah, M. Dumergue, magistrat on ne peut plus distingué, et très au courant des choses indiennes. Ce jour-là, le thasildar de la pagode nous attendait. Sur un geste de lui, les éléphants viennent étaler leurs grâces. Ils saluent ; ils se mettent à genoux, et marchent dans cette position ; ils lèvent galamment leur patte gauche, qui sert d'escalier à leur cornac. Puis, leurs gentillesses finies, après un formidable barrit d'adieu, ils s'en vont cahin-caha, en gens de qualité qu'ils sont, car tout éléphant est brahme. Je revois ces salles aux mille colonnes, aux centaines de dieux baroques, sculptés dans un seul bloc de granit. Du haut d'une gopoura, une superbe cloche venue d'Amérique, une cloche au timbre très pur, sonne pour le sacrifice du matin. Elle me fait mal, cette cloche captive du démon, et ses tintements désespérés semblent dire qu'on vienne la délivrer. On va laver Minatchi. Voici la procession qui revient de puiser l'eau du fleuve. Quelques tambours et quelques fifres précèdent deux éléphants, dont les cornacs soutiennent un grand vase doré plein d'eau ; un groupe de bayadères les suit.

Mais nous étions venus voir les joyaux de Minatchi. Deux Indiens nous précèdent, armés de lampes fumeuses. Dans six réduits, ménagés dans l'intérieur des murailles, nous sommes admis à admirer le matériel des grandes processions. Ce sont de hauts baldaquins, des chevaux, des bœufs, des paons gigantesques, monture de Subramaniam, un Subramaniam ridicule et colossal.

L'armature de tous ces monstres est de bois, mais cette armature est recouverte d'épaisses plaques d'or et d'argent forgées. Aucun art d'ailleurs : ces chevaux, deux fois plus grands que nature, ressemblent aux chevaux de bois d'un manège. Toutes ces richesses ne datent pas de cinquante ans, et elles valent des fortunes.

Dans un espace dont on éloigne la foule, fermé par quatre cordes tendues, on a disposé, sur un vaste tapis, les joyaux de Minatchi. Voici les bonnets, les colliers, les pectoraux, les étriers de la déesse. Les rênes des chevaux d'or sont de longs rouleaux, de plus d'un mètre, littéralement couverts de perles ou de corail. Les étriers sont en or massif ; les bonnets, fort anciens, sont d'étoffe un peu fripée, soutachée de perles, de rubis et d'émeraudes. Des colliers de pièces d'or ; un d'eux, très curieux, est composé de pièces vénitiennes du XVIe siècle. Sur une des faces, ces pièces représentent saint Pierre donnant l'investiture au doge ; sur l'autre, Notre-Seigneur Jésus-Christ ressuscitant. De sorte, qu'aux jours de fête, Minatchi l'infâme porte au cou l'image très pure du Sauveur. Sur les pectoraux, des saphirs ou des rubis bruts, énormes. Peu de brillants, et mal taillés. Quelques admirables travaux en filigrane ; mais, surtout, des perles à poignées, quelques-unes grosses comme des œufs de pigeon. De ces joyaux, quelques-uns sont anciens ; certains ont été récemment donnés par des zémindars ou des *Tchettis*, les banquiers, les Juifs de l'Inde, ceux qui, actuellement, contribuent le plus par leurs largesses à relever le paganisme dans le sud. A noter aussi, des cruches en or massif ; un cobra colossal en or, portant à sa bouche cinq ou six lourdes émeraudes ; un tapis merveilleux, tout brodé de perles.

MADURA : UNE ENTRÉE DE LA PAGODE

Ces joyaux sont mal tenus. Des perles manquent; on doit en distraire assez aisément. Comme splendeur de pierreries, et surtout comme art de joaillerie, le trésor du diable ne vaut pas celui de Notre-Dame del Pilar, ni celui de la cathédrale de Tolède. Néanmoins, il est très remarquable, et il donne une idée exacte des collections analogues de l'Inde.

Non loin de la pagode de Minatchi, Madura possède un *mandabam*, sorte d'asile pour les pèlerins, immense vaisseau divisé en trois nefs par des colonnes aux folles cariatides. Élevé aux XVIIIe siècle par les rois Nayakers, le Kalyâna Mandabam, ou salle du mariage, n'est plus aujourd'hui qu'un marché. Dans la nef du milieu, on vend des tissus; dans les autres, mille bibelots de cuivre ou de bois, industrie du pays.

Adossées aux murs, les statues des dieux chers aux Nayakers président à ce marché. Sur les colonnes de la grande nef, se détachent les statues de Tiroumala et de ses femmes.

A la pleine lune de Sitirei (avril), Madura célèbre la grande fête de Minatchi : son mariage, toujours commencé, jamais conclu, avec Choka-Lingam. L'Indien est un pèlerin perpétuel. Il accourt alors, en foules pressées, dans la ville sainte ; et, pendant plusieurs nuits, les gigantesques *saprams*, traînés par des milliers d'hommes, promènent l'idole, à l'aveuglante lueur des torches et des flammes de bengale. Cent mille personnes escortent Minatchi ; quand elles l'acclament en chœur, leurs cris, comme un bruit de vague, se prolongent dans toute la plaine. Chaque jour, d'immenses marmites circulent parmi la foule ; on les remplit de bijoux offerts à la pagode. Puis, quand le mariage est sur le point de se conclure, un brahme éternue. Cet accident de mauvais augure interrompt la fête, qu'on essaiera, sans plus d'efficacité, de mener à bien l'année suivante.

En attendant, les brahmes ont recueilli des offrandes. Ils ont donné aux Soudras, qu'ils méprisent, les aliments que ceux-ci aiment : la féerie des nuits illuminées, et ces plaisirs de foire auxquels se réduit toute fête païenne. Car la cupidité et le dédain remplissent leur âme ; car ils n'ont jamais soupçonné ces rêves d'idéal désintéressement que nos savants d'Europe leur prêtent ; car, quelle que soit la sublimité qu'on découvre aux Védas et aux Brahmanas, et aux Oupanischads, et au Vedanta, le culte hindou traîne ses fidèles dans la boue.

Revenons à la mission catholique. Autour d'une maison rectangulaire, à deux étages, s'étend un assez vaste *compound* planté de cocotiers, de flamboyants aux fleurs de pourpre, de *caruvelepilay*, herbe odorante dont on parfume le carry. La mission comprend un orphelinat, contenant cinquante garçons et dix filles, un petit hôpital pour les vieux catéchumènes, une école de filles dirigée par huit religieuses indigènes.

Dès qu'ils nous voient, les catholiques s'inclinent en joignant les mains ; ou même ils s'agenouillent, les coudes et le front contre terre ; et, de leur voix joyeuse, les petits orphelins nous lancent le salut

MADURA : VUE PRISE DU DÔME DU PALAIS ROYAL

chrétien : « *Swami, Sarvesurénuku tôstram!* Père ! gloire au Seigneur ! » A quoi le Père répond : « *Asirvâdam :* Bénédiction ! »

Sur leurs poitrines nues, les orphelins portent une brochette de médailles. Ceints de leur petite toile blanche, ils passent vivement, sarclant les mauvaises herbes, balayant les allées de sable, avec de petits balais d'abord, puis avec leurs dix doigts. Ils sourient avec bonheur et avec innocence. Spectacle charmant! On leur fait suivre, à la maison, les classes primaires; puis ils vont à l'école anglaise des arts (arts et métiers). Ils y travaillent et y gagnent une *roupie*[1] par mois la première année; deux, et jusqu'à trois, la troisième année.

[1] En moyenne 1 fr. 70.

Un jour cet argent, mis de côté, sera la dot des orphelins. Après trois ans d'études professionnelles, on essaie de faire entrer les grands à l'école normale des arts. On les garde ainsi jusqu'à leur mariage. Alors ils deviennent *vatyars*, petits professeurs de village, ou bien ouvriers. Un vieux *saniassi*, sorte d'oblat indien, gouverne ce petit monde, qu'une aumône de la Sainte-Enfance permet d'entretenir.

L'humble hôpital contient toujours une quinzaine de vieillards qui se soignent entre eux [1].

Un coup de canon parti de la pagode annonce la fin du jour. La nuit nous envahit presque aussitôt, profonde et chaude encore. Étendu sur ma natte, dans la véranda, j'attends un peu de brise et de sommeil, suivant des yeux les lucioles qui décrivent sur mon front des courbes lumineuses.

Longtemps encore j'entends le tambourinement des diableurs. Le cœur serré, je songe à la lutte que livrent ici au paganisme tout-puissant deux missionnaires de France, mes frères. Qu'ils sont seuls! Qu'ils sont faibles! Qu'ils sont héroïques, et qu'elle est donc mystérieuse et triste l'œuvre de la rédemption du monde!

Mais non, courage! donnons gaiement nos vies, pour qu'un enfant de plus puisse, quand nous passons, nous dire en souriant : *Swami, Sarvesurénuku tôstram!*

[1] Il vit sur une fondation de trois mille roupies, faite, il y a quinze ou vingt ans, par des chrétiens.

UNE RUE

TRICHINOPOLY : LE COLLÈGE CATHOLIQUE AUX PIEDS DU MALEIKOTTAY

CHAPITRE IV

TRICHINOPOLY. — UN COLLÈGE ANGLO-INDIEN

Les petits-fils d'Hanouman. — Tirou Siva Pali. — Une ville sous bois. — St Joseph's College. — L'Angleterre éducatrice. — Négapatam. — Décision héroïque. — Programmes anglo-indiens. — Libéralisme loyal. — Le P. Boutelant. — La communion quotidienne. — L'Inde et les *Babous*.

La voie, en sortant de Madura, laisse à droite le pittoresque massif du Siroumaley, célèbre par ses bananes et par ses plantations de café, à gauche, la longue vallée qu'étreignent l'Alighiri et les monts Pulney, deux chaînons orientaux qui se détachent des Cardamomes. Les rizières se multiplient, d'un vert éclatant ; les Pulney descendent vers la plaine en mamelons d'un vert sombre, qu'on prendrait de loin pour d'épais fourrés de châtaigniers. Nous traversons des champs de canne à sucre et de maïs blanc. Dans les champs, au-dessus des maïs ou des cannes, soutenus par quatre perches de bambou, de légers treillis sur lesquels un enfant est assis. Il effraie les oiseaux, tandis que ses parents travaillent.

Le silé rouge des femmes vibre dans le vert cru des rizières. Enfoncés jusqu'aux genoux dans la boue noire, les bœufs préparent le terrain destiné au riz qu'on transplantera, tige par tige, dans les sillons humides.

Les singes remplissaient naguère encore les villes, voisins insupportables, mais vénérés à cause de leur parenté lointaine avec le dieu Hanoumân, l'allié de Rama. Cependant, l'un d'eux, par gaminerie, ayant tué le fils d'un brahme, employé du collecteur, celui-ci les fit tous respectueusement empiler dans des voitures, et exiler dans la montagne. Ils abondent dans la plaine située entre le Siroumaley et les Pulney, et, comme ils adorent voir passer les trains, ils viennent aux stations, en famille. Les vieux s'asseoient gravement sur la palissade. Les jeunes se poursuivent en folâtrant dans les branches.

Nous obliquons à l'est, dans la plaine très plate, étincelante encore de rizières fraîches. Brusquement, l'horizon se raie de pourpre enflammée, où passent des coulées d'or jaune. Le soleil sombre dans un brasier que la nuit recouvre. Dans le ciel, à l'horizon, deux feux rouges grandissent et courent sur nous. Ce sont les fanaux du temple de Siva, qui domine Trichinopoly.

A la gare de *Trichinopoly-Junction*, parmi la foule qui couvre les quais, un missionnaire m'attend. Soutane blanche, barrette et ceinture rouges, longue barbe d'argent; une figure que l'énergie, la souffrance et la ferveur ont faite si belle, que sa vue me saisit, et que je voudrais être Zurbaran, pour la peindre. C'est le R. P. Barbier, pendant près de vingt ans supérieur de la mission, aujourd'hui recteur du collège Saint-Joseph.

Il m'accueille avec cette majestueuse et profonde charité des saints, et, dans sa patache, traînée par un grand cheval, ancien serviteur de Sa Majesté, il m'entraîne vers son beau collège.

La ville sainte de Siva (*Tirou Siva Pali*) — dont, par une étrange torsion phonétique, les Anglais ont fait Trichinopoly — est une grande ville de quatre-vingt mille âmes ou plutôt de cent vingt mille, si l'on compte comme siens les habitants de l'île contiguë de Seringam. Elle est divine, car le Râmâyana la nomme. Un géant y vivait, raconte

TRICHINOPOLY : LE COLLÈGE (AU TOPPOU)

Valmiki, un géant à trois têtes, *trisara*. D'où la seconde étymologie de son nom : *Trissirapali*, la ville de l'homme à trois têtes. Rama défit le monstre, qui avait déjà consacré son repaire à Siva.

Bâtie sur la rive droite du Cavery, autour d'un gigantesque bloc de gneiss, de quatre-vingt-deux mètres de hauteur, Trichinopoly étend sur un immense rayon ses différents quartiers, séparés par des espaces vagues, et noyés dans des forêts de cocotiers et de manguiers. Quand, d'une terrasse élevée du sud de la ville, le regard cherche Trichinopoly, il n'aperçoit que quelques clochers, des minarets et de rares toits émergeant d'un océan de verdure. La ville est là-dessous, avec ses longues avenues aux maisons basses, ses rues bordées d'échoppes, ses villages de paillotes égarés dans la ville. Au sud, à l'écart des quartiers indiens, de confortables bangalows, entourés de larges *compounds :* c'est le *cantonment* des Anglais. Au nord, zébré de raies blanches, marque des temples sivaïtes, le roc sacré, le Maleykôttay, au ton très chaud. Un pagodin blanc, à campanile rouge, le couronne. Il est flanqué d'une massive construction rectangulaire, sorte de forteresse ornée d'un campanile d'or. Au pied du roc, auprès de l'ancien fort où vint se briser le dernier assaut des Français, autour du grand teppakoulam, la ville brahme. Au pied du fort aussi, au centre du quartier brahme, s'élève, citadelle dressée en face du rocher de Siva, le collège Saint-Joseph.

Elle est curieuse, l'histoire du collège Saint-Joseph, et elle aide bien à connaître l'état actuel de l'éducation au pays des castes.

Quand la Compagnie de Jésus reprit possession de la mission du Maduré, en 1836, il n'entrait dans la pensée de personne de donner aux Indiens une éducation européenne. Les écoles de villages étaient ce qu'elles sont encore. Des enfants, accroupis dans une salle, apprennent, en chantant à tue-tête, à lire et à écrire. Leur doigt sert de plume, et le sable, de papier. Armés d'un poinçon, ils s'exercent ensuite à écrire sur des *óles* (feuilles de palmier). On leur enseigne des tables analogues à celles de Pythagore, qui leur donnent, pour toutes les opérations, une étonnante facilité de calcul mental. De petits proverbes tamouls fort sages, puis des textes plus complets, les initient au tamoul usuel, et même au haut tamoul. Une sorte d'enseignement supérieur complétait jadis cette instruction primaire. Des *pandits* parcouraient les villes, et, dans les pagodes, expliquaient les poètes ou les moralistes. D'une étonnante force de mémoire, ils commentaient sans texte, car ils savaient à la lettre leur auteur. Mais, à la suite de l'anarchie et des guerres qui avaient ensanglanté l'Inde au XVIIIe siècle, cette éducation nationale était, elle-même, en complète décadence.

Jamais, d'autre part, les marchands anglais, devenus maîtres du pays, n'avaient prémédité la conquête intellectuelle de l'Inde. Jusqu'en 1854, on peut dire que la Compagnie des Indes ne se préoccupa point de l'éducation populaire. Enfin, en 1857, le gouvernement fondait les trois universités de Calcutta, de Bombay et de Madras; il décidait, dans les écoles indiennes, de répandre l'anglais au lieu de revenir au sanscrit. L'Angleterre faisait enfin entendre que ses faveurs et ses fonctions seraient réservées aux gradués.

Il n'en fallait pas tant dire à un peuple besogneux et cupide. La passion des diplômes s'empara dès lors de lui, et sa plus haute caste, celle des brahmes, en fut atteinte la première. L'appât des places alluma dans l'Inde une fièvre analogue à celle que le pur désir de savoir avait communiquée à notre jeunesse du XIIIe siècle ou de la Renaissance.

ÉLÈVE A TABLE

Fièvre malsaine, et dont on devine l'effet. Une longue préparation, des siècles de logique patiente, avaient préparé l'Europe à cette crise de croissance de la Renaissance : aussi, lui a-t-elle été, finalement, salutaire. L'Indien, subitement, sans désintéressement, à force de labeur et de mémoire, absorbe les gargantuesques programmes que le gouvernement surcharge de plus en plus, afin de diminuer le nombre des candidats qu'il a déchaînés, et dont la multitude l'épouvante. Cette instruction indigeste et soudaine ne transforme pas normalement l'Indien ; elle le déforme plutôt et le détruit, et j'ai entendu bien des Anglais, sages et instruits, s'effrayer de cette œuvre et en redouter les conséquences prochaines.

Quoi qu'il en soit, la mission catholique n'avait pas attendu 1857, pour s'occuper d'éducation. Dès 1844, les Jésuites ouvraient, à Négapatam, un collège destiné surtout, il est vrai, à des enfants européens. Le choléra, ou de tristes hostilités, avaient entravé cette œuvre. Mais, toujours persévérante, la Compagnie de Jésus tantôt relevait son collège, tantôt remplaçait par d'autres missionnaires les professeurs emportés par le fléau. En 1858, elle supprimait l'école européenne, pour ne laisser subsister que l'école indigène. C'était l'année où la reine Victoria plaçait l'Inde sous son sceptre. Dès lors, le collège de Négapatam attirait l'attention, et méritait la bienveillance du gouvernement de Madras. Mais il avait jusqu'alors gardé les méthodes françaises. En 1886, prévoyant le mouvement vertigineux qui allait saisir la jeunesse indienne, et dont le protestantisme s'apprêtait à bénéficier seul, les missionnaires français, avec cette facilité d'adaptation qu'ils montrent partout, de quelque ordre qu'ils soient, résolurent de s'affilier à l'université de Madras, d'adopter les méthodes anglaises, et d'ouvrir leurs écoles aux païens. C'était un bien grand pas ; il restait à en faire un autre.

Négapatam n'était pas central. C'était à Trichinopoly qu'il fallait transporter le collège, afin que, de la capitale, son influence rejaillît sur toute la mission. Dès 1844, un des premiers supérieurs de la mission, le P. Louis Garnier avait jugé cette entreprise nécessaire et l'avait inutilement tentée [1]. En 1868, le P. Louis Verdier l'avait aussi proposée. En 1881, avec cette sûreté de coup d'œil et cette force d'exécution qui font les hommes de gouvernement, le R. P. Barbier décida que Négapatam serait abandonné sans retard.

Sans doute le climat de Trichinopoly était brûlant, mais le supérieur était sûr de ses frères, et savait, que, pour sauver des âmes, ils se laisseraient tous jeter dans le brasier. Sans doute, ce transfert, et la construction d'un grand collège, devaient ouvrir un gouffre que d'immenses sommes combleraient à peine, et la mission était très obérée. Mais, quand la plaine du Maduré est trop brûlée par le soleil, elle devient une fournaise d'appel qui attire l'humidité de la mer, et provoque les moussons fécondantes. De même, dans l'Église, quand une trop grande détresse s'accuse sur un point, la Providence vigilante y fait affluer un courant de charité. Le supérieur savait cela, et comptait sur cela.

Aussi, le 12 décembre 1882, à la distribution des prix de Négapatam, donnait-on aux élèves rendez-vous à Trichinopoly. Le collège protestant de cette ville mit tout en œuvre pour traverser ce dessein. Ses menées se brisèrent contre l'équité souveraine du gouvernement, équité qu'on ne saurait assez reconnaître, ni assez louer. Le collège catholique s'ouvrit au jour marqué. Peu de mois après, le choléra le dévastait. Mais aucune épreuve n'abattait le supérieur de la mission, secondé d'ailleurs, en ces jours difficiles, par un homme digne de lui, le P. Auguste Jean, premier recteur de Trichinopoly, déjà membre de

[1] Il avait cependant bâti, pour être le futur collège, la maison qui sert aujourd'hui de résidence épiscopale, et de presbytère de la cathédrale.

TRICHINOPOLY : ROCHER ET PAGODE DE SIVA

TRAVAUX AU COLLÈGE

l'Université de Madras et du Conseil supérieur d'enseignement de Calcutta. Au P. Jean succédait le P. Joseph Faseuille, aujourd'hui supérieur général du Maduré. Sous le rectorat du R. P. Faseuille les élèves affluèrent des collectorats voisins ; les succès augmentèrent. Trop souvent, il est vrai, des tombes s'ouvraient, où descendaient des missionnaires, jeunes pour la plupart, prématurément épuisés. Mais la bataille était gagnée, et son retentissement remplissait l'Inde méridionale.

Aujourd'hui *Saint-Joseph's college* comprend deux groupes de constructions, — *Clive* et le *Toppou*, — séparées les unes des autres par un *teppakoulam* (étang sacré). Au pied du Maleykôttay, sur l'emplacement occupé autrefois par la maison du général Clive, s'étend un long bâtiment, aux arceaux gothiques, abritant les classes inférieures, jusqu'à la *Matriculation* inclusivement. Derrière la maison, s'ouvre un vaste enclos d'un hectare, avec gymnase, étang, et des sortes de hangars divisés en cellules, qu'on loue aux externes païens. Des *clubs*, ou cantines contiguës, leur fournissent leur nourriture : du riz.

A deux cents mètres de *Clive*, est le *Toppou*, vaste terrain de cinq à six hectares, où se dresse, dans la verdure, une suite de blancs édifices : la grande église de Notre-Dame, inachevée, la maison des Pères, le pensionnat catholique, le collège des classes supérieures, enfin, des dépendances et un bassin.

L'eau du Cavery arrose le Toppou ; elle y entretient une merveilleuse végétation. Près des cocotiers, toujours courbés sous le poids de leurs fruits, se dressent les tiges vernies des aréquiers, les palmiers à fuseau, les manguiers, l'arbre à pain, l'arbre du voyageur. Sur des massifs sombres flamboient des hybiscus, ou des solanées d'or. De jolies perruches, des bengalis éblouissent l'œil, fatigué de suivre leurs couleurs dans le vert éclatant des branches.

*
* *

Rien ne ressemble moins à une école française qu'un collège anglo-indien. Dans celui-ci, le cours des études dure treize ans et comprend quatre périodes. Au sortir de l'école primaire, du *lower school*, divisé en quatre *standards*, l'enfant subit un examen devant l'inspecteur du cercle. Il entre ensuite dans le *middle school*, qui comprend trois *forms* et l'achemine vers un second examen. L'écolier pénètre alors dans le *high school*. Après trois *forms*, il se présente à l'examen de *matriculation*. Une septième et une huitième *form* (*junior and senior F. A.*) le prépare au *first examination in arts*. Encore deux années d'études, (*junior and senior B. A.*) et il devient *bachelor of arts*. S'il est plus ambitieux, de nouvelles années de travail lui permettront de devenir *master of arts*.

Bien qu'il n'éprouve aucun besoin d'étaler sur ses monuments le nom de la liberté, l'Anglais en a le sens. Il la veut, et il la respecte. A ses yeux, l'État doit aider l'individu, mais non le remplacer, ni surtout le supprimer. Dans l'Inde, comme en Angleterre, chacun peut ouvrir un collège. L'État n'impose certaines conditions qu'aux maisons qui désirent être secourues par lui, ou qui préparent aux examens supérieurs.

Un collège préparant à la matriculation, un *high school*, doit être *reconnu* par l'Université ; ceux qui préparent au F. A., ou au B. A., doivent être *affiliés*. Le collège *reconnu* dépend du directeur de l'Instruction publique. Mais celui-ci doit seulement s'assurer que le programme des études est vu dans l'année, que certaines règles de discipline générale sont observées, qu'aucun élève n'a été admis sans l'autorisation écrite de son père ou de son *gardien*, et sans un certificat témoignant qu'il ne doit rien à un autre établissement. L'inspecteur vérifie aussi le compte des dépenses et recettes.

TRICHINOPOLY : BASSIN DES ÉLÈVES

Le collège *affilié* dépend directement de l'Université. L'inspecteur s'assure que le collège étudie les matières fixées au programme; il se rend compte de l'état sanitaire; il voit si l'ameublement est convenable, le matériel scolaire suffisant; rarement il assiste à une classe. Enfin il revise les comptes.

Comme dédommagement à ces charges légères, le gouvernement prodigue ses secours aux collèges affiliés. Tantôt, d'après le *salary system*, il garantit à chaque professeur une gratification égale au tiers ou au quart de son traitement; tantôt, d'après le *result system*, il proportionne les secours aux succès obtenus. Parfois, mais de moins en moins, il applique simultanément les deux méthodes.

On n'accorde un *salary grant* qu'aux professeurs munis de certains diplômes. Pour être *headmaster* d'un *high school*, il faut être *bachelor of arts* et *agrégé*, c'est-à-dire avoir subi avec succès un examen sur les méthodes pédagogiques, et avoir fait, d'une façon satisfaisante, une classe devant trois examinateurs.

Un élève chassé d'un collège universitaire ne peut être reçu dans aucun autre.

L'université de Madras n'est pas indépendante de l'État, comme le sont Oxford et Cambridge; sa constitution, calquée sur celle de l'Université de Londres, la soumet au contrôle du gouvernement. En possession de la personnalité civile, elle comprend les Facultés des Lettres, des Sciences, de Droit, de Médecine et d'*Engineering*. Sa subordination consiste en ce que le gouverneur de Madras est son chancelier-né, et en ce que son vice-chancelier et la moitié de son

Sénat sont nommés par le gouvernement. Au nombre des sénateurs, doivent toujours figurer l'archevêque catholique de Madras, l'évêque protestant, et un représentant *au moins* de chaque collège affilié. Les autres membres sont élus par les *masters of arts* de l'Université. C'est le Sénat qui, en fait, gouverne avec plein pouvoir législatif et exécutif. Le chancelier n'a qu'un *veto* théorique ; le vice-chancelier est simplement président du Sénat.

TRICHINOPOLY : L'ÉGLISE DU COLLÈGE

Au début de chaque année, un projet de liste d'examinateurs est envoyé à tous les directeurs de collèges affiliés et à tous les membres du Sénat, avec prière d'indiquer les noms des personnes capables d'examiner. Ces projets sont renvoyés à des commissions de sénateurs, qui dressent la liste définitive. Chaque année, plusieurs Pères du collège Saint-Joseph sont examinateurs de matriculation et de baccalauréat.

On comprend ce qu'un tel système a de loyal et de vraiment libéral. Des Jésuites français, professeurs dans une colonie anglaise, apprécient d'autant mieux ces procédés, qu'ils se souviennent de la concurrence tatillonne dont ils sont, ailleurs, les victimes, et de la guerre sourde qu'en France on livre aujourd'hui à la liberté de l'enseignement.

En 1896, l'Université de Madras mit le comble à ses faveurs. Jusqu'alors, pour mériter le *salary grant*, les Jésuites professeurs s'astreignaient à conquérir la matriculation et le baccalauréat anglais.

Alors, sur le rapport de M. Duncan, directeur de l'Instruction publique, il fut décidé que la Compagnie de Jésus ayant quelque compétence en matière de pédagogie, tout religieux européen formé dans l'Ordre, et chargé d'une classe au collège, serait, par le fait même, déclaré agrégé, et jouirait, conséquemment, des droits universitaires. La matriculation était requise pour les religieux indigènes.

Songe-t-on de quelles clameurs une telle mesure eût été saluée en France!

LE P. BOUTELANT (Cl. Marmand)

Grâce au zèle des professeurs et au libéralisme des lois anglaises, *Saint-Joseph's College* compte aujourd'hui dix-huit cents élèves; dont cinq cents catholiques, et, parmi les païens, mille brahmes, externes. Si l'on ajoute à ce chiffre celui des écoles primaires de la ville, il dépassera deux mille.

L'Indien est docile ; il n'est donc pas difficile de l'assujettir à une ferme discipline. Il vaut d'ailleurs mieux ne pas le contraindre.

Mais il fallait dresser ce monde à marcher en rangs, à apprendre les leçons sans chanter à pleins poumons, ce qui, dans une réunion de cent élèves, causait une confusion infernale. Les externes — il y en avait cinq cents — étaient tous réunis dans une immense étude. Qui serait assez ferme pour régir cette cour du roi Pétaud? qui aurait assez de tact pour faire accepter les réformes nécessaires? pour amener les brahmes, par exemple, à s'asseoir auprès de vils Soudras?

Le P. Boutelant, aujourd'hui procureur, en France, de la mission du Maduré, fut chargé de cette tâche[1]. Comme par enchantement, l'ordre s'établit parmi ce peuple remuant. On cessa de travailler en hurlant ; c'est-à-dire que l'on commença à travailler. La réforme fut si goûtée, qu'elle a été empruntée, depuis, par tous les collèges amis ou rivaux.

Ce n'est pas sans étonnement qu'habitué aux espiègleries des collégiens d'Europe, j'assistais au défilé tranquille des élèves changeant de classe. Coiffés d'un petit *talapa* (turban) blanc, vêtus d'un long pagne et d'une veste blanche, enfants et grands garçons se croisent silencieux. Nu-pieds toujours, ils glissent, ombres sveltes, dans un nuage de mousseline, d'où se dégage un bras de bronze paré d'un lourd bracelet d'or.

Les païens, les brahmes surtout, n'ont nul besoin d'être stimulés au travail. Les rédacteurs du Code de Manou, du *Manava Dharma Sastra*, ont divisé la vie du brahme en quatre étapes. Nos brahmes d'aujourd'hui négligent volontiers de parcourir les deux dernières, à savoir la solitude et la pénitence ; ils s'arrêtent dans les deux premières : la science et le mariage. Seulement, au lieu d'apprendre les Védas, ce qui ne rapporte plus, ils préparent leur baccalauréat. Le but de leurs ancêtres, et le leur, sont identiques. Ils veulent arriver, ils veulent dominer ; ils tenteront tout pour forcer la porte des examens. Le matin, les externes brahmes viennent de loin parfois, entassés dans leur *vandi* à bœufs, préparant déjà leur classe. Le soir, couchés autour d'une lampe, ils lisent et étudient encore. Et comme ils sont étonnamment sagaces, que leur mémoire est extraordinaire, ils arrivent à des résultats qui seraient admirables, si les programmes répondaient mieux à leur état d'esprit. Leur formation est superficielle, l'échafaudage de leurs connaissances est si branlant qu'un peu de temps suffit à le renverser ; mais la faute n'en est pas à eux. On leur demande d'être, au bout de treize années de préparation, des machines à exa-

[1] Le P. Georges Boutelant, le procureur et la providence de la mission du Maduré, est mort à Paris le 13 janvier 1901. Il avait cinquante-un ans. Volontaire en 1870, au 18e mobiles, il avait conquis au feu tous ses galons. Nommé sous-lieutenant sur le champ de bataille d'Orléans, arrivé des premiers à l'assaut de Montbéliard, il acheva la campagne par deux mois d'internement à Rastatt. Galons et fortune, il avait tout jeté pour se donner à Dieu. Missionnaire ardent, âme prodigue d'elle-même, il a laissé à sa mission et à ses amis de bien amers regrets.

mens : ils le deviennent. Le malheur est qu'on ne leur demande pas mieux.

TRICHINOPOLY : L'ÉGLISE DU COLLÈGE

Dieu seul connaît le bien qu'a produit *Saint-Joseph's College*, ainsi que les institutions analogues de Calcutta, de Bombay, de Mangalore, ou celles de Cuddalore, de Coïmbatore et de Mysore. Dans le sud, plus fermé aux Européens, le collège a mis en contact les plus orgueilleux des païens et les missionnaires ; de ce contact il est résulté, sinon une conversion immédiate, du moins un sentiment de respect pour le prêtre catholique, et tout ce que l'âme païenne est capable de porter, en fait de reconnaissance.

En 1840, quand le P. Louis Garnier voulut, à Trichinopoly, prendre possession de l'ancienne église catholique, il souleva une telle émeute qu'on le fit passer en Conseil de guerre. Il y a vingt ans, on détournait le P. Barbier de s'engager dans certaines rues brahmes de Trichinopoly. Cette année, le 6 août, j'assistais à la procession annuelle de la sainte Vierge, accomplie en vertu d'un vœu fait aux mauvais jours du choléra de 1883, et je pouvais mesurer le terrain conquis.

Avant la nuit, la foule, bariolée, avait envahi le *toppou*. Brahmes, musulmans, chrétiens, tout se confondait en une multitude respectueuse, attendant, mains jointes, bouche bée, le grand spectacle. Au milieu d'elle, la traînée ondule des enfants et des prêtres qui prient ou qui chantent. Habitués à leurs mugissantes cohues, les païens admirent et saluent les grands *saprams* dorés, supportant les statues de saint Joseph et de Notre-Dame. Une fanfare de cipayes catholiques ferme la marche. On avance aux lueurs rouges des torches.

Triomphante, la Vierge passe devant des pagodins, devant les écoles protestante et païenne. Les feux de bengale, les fusées aux gerbes multicolores, les soleils éblouissants, les bombes se succèdent. Nous côtoyons l'étang sacré. *Clive* est splendidement illuminé. De la terrasse en feu, partent sans interruption des fusées, sifflant comme des sirènes. Nous traversons la ville brahme, plus libres qu'en une ville française, et longtemps, dans la nuit, résonne ce cri des chrétiens : *Dèva Madavé! Dèva Madavé!* Sainte Mère de Dieu!

Si le collège exerce sur les païens une influence inappréciable, il ne fait pas moins de bien aux catholiques, qu'il préserve d'aller aux nombreuses écoles protestantes ou hindoues. En me gardant de toute exagération, je puis affirmer que nul collège européen — j'en connais un certain nombre — ne m'a offert le spectacle de ferveur que présente le pensionnat catholique de Saint-Joseph.

Je ne prétends pas que l'Indien ait la même trempe morale que l'Européen, et soit capable d'autant de dévouement et d'initiative ; je ne nie pas qu'il n'ait d'ordinaire la volonté anémique, qu'il ne soit en général plus précoce à connaître le mal ; et j'avoue que le contact d'un paganisme sans pudeur lui rend la vertu difficile. Mais tout ce qu'on dirait de sa faiblesse ne fait que mieux ressortir la vertu de sa foi. En effet, dans aucune autre réunion d'adolescents, je n'ai vu tant de ferveur produire tant de pureté.

Une preuve de ce que j'avance. Quiconque s'occupe de collèges catholiques, sait avec quelle discrétion il y faut parler de la communion quotidienne. Pour diverses raisons, il est malaisé de l'obtenir avec les garanties qui la rendent profitable, si bien que, de l'avis d'hommes sages, il est meilleur de ne la point provoquer.

Or, en 1887, *Saint Joseph's College* comptait cent soixante-dix pensionnaires, des bons, des médiocres, le mélange ordinaire que présentent les réunions analogues. Un jour, un élève fort turbulent déclare à son confesseur que, la communion étant salutaire, il la veut faire chaque matin. Après débat, on la lui accorde trois fois par semaine, pendant quinze jours. Il insiste, demande, obtient davantage, et change complètement. Une bande de mauvais sujets veut l'imiter, mais ne persévère pas. Ils avaient cependant donné le branle. Deux, huit, quinze,

TRICHINOPOLY : EN MONTANT AU ROCHER

trente élèves le suivent. A ce chiffre, émoi au collège. Renseignements pris, le supérieur approuve, mais défend de permettre à plus de quarante élèves. Enfin il lève lui-même sa défense. Finalement, sur trois cents pensonnaires, deux cents, aujourd'hui, communient quasi quotidiennement, et tous le font plusieurs fois par semaine. Aucun supérieur ne s'en mêle. Jamais, même à Pâques, il n'y a de communion de règle.

La pratique de la communion quotidienne, si elle n'est pas sérieusement embrassée, peut devenir nuisible. Là-bas, elle est efficace. Ce sont les plus grands, des garçons de dix-huit à vingt-trois ans qui l'adoptent. « Savez-vous, Père, que ce n'est pas amusant de communier tous les jours, disait l'un d'eux. Il faut se tenir sur ses gardes, sans se permettre le moindre plaisir défendu. » Aussi, grâce à cet énergique remède, des enfants vicieux guérissent. Les conversations mauvaises, une plaie de l'Inde, disparaissent du collège. Afin d'armer leur volonté, en la consacrant à Dieu, des élèves font le vœu de chasteté pour quelques jours, pour un mois, pour le temps des vacances, et, non sans luttes, ils tiennent leur parole.

La commission d'enquête, chargée par notre Chambre des députés de réformer l'enseignement public, a entendu, l'an dernier, bien des dépositions. On lui a indiqué mille façons de régénérer la jeunesse française, de la rendre saine, intelligente, résolue, enthousiaste. Une modification de programme ne guérira point le mal dont elle souffre. L'exemple de Trichinopoly fournirait peut-être, à qui saurait le suivre, le secret d'une plus entière résurrection.

C'est un parti pris, semble-t-il, chez certains publicistes français qui écrivent sur l'Inde, de n'y pas remarquer l'œuvre du catholicisme. Elle serait à signaler pourtant, car des collèges comme Saint-Joseph de Trichinopoly font plus, pour le renouvellement moral de ce pays, que tous les essais de la Brahma Samadj, et que toutes les rêveries du néo-hindouisme.

Un courant meilleur et plus puissant que la révolution bouddhiste, emportera, un jour, il faut l'espérer, la civilisation religieuse et sociale de l'Inde. Ce courant partira de l'école. Si le brahme parvenait à le capter, comme il l'essaie en plusieurs endroits, s'il arrivait à monopoliser l'enseignement des sciences occidentales, comme il avait accaparé l'enseignement des Védas, l'Inde serait encore sa proie pour longtemps.

L'école anglaise, dans l'Inde, pratique la neutralité aussi loyalement que possible; mais enfin elle est neutre, et de l'école neutre il ne peut sortir que des sceptiques orgueilleux, ajoutant au mépris qu'ils auront de leurs dogmes, un mépris encore plus grand pour ceux qui, ayant ruiné ces dogmes dans leur esprit, ne les ont pas remplacés. Le *babou*, ou lettré, sorti sceptique et athée des écoles anglaises, sera un fléau terrible pour son pays.

« Quand nous consentirons, a écrit Strachey, à remettre entre les mains des babous les grandes fonctions exécutives, ce sera, pour notre empire, le commencement de la fin. L'Inde tomberait bientôt dans une sanglante anarchie[1]. » La prédiction de Strachey pourrait se

[1] M. Gustave Le Bon, auquel nous empruntons cette citation, a fort bien traité la question qui nous occupe dans son ouvrage *les Civilisations de l'Inde*, l. VI, ch. IV.

vérifier bientôt. Elle prouve du moins que l'école protestante est impuissante à élever l'Inde, qu'elle n'a fait ni des savants, ni des hommes.

Elle ne doit s'en prendre qu'à elle-même ; car l'œuvre qu'elle n'a point accomplie, l'école catholique prétend qu'on la peut faire.

TRICHINOPOLY : AU SOMMET DU ROCHER

PONT DE TRICHINOPOLY

CHAPITRE V

SIVA ET VICHNOU. — L'INDE RELIGIEUSE

La pagode du rocher. — Un *Manerva tambiram*. — Les rives du Cavery. — L'île sainte de Seringam. — La pagode aux sept enceintes. — Le signe de la bête. — Le brahmanisme : point de départ et évolution. — Le bouddhisme et les lois de Manou. — Foncière malice du brahmanisme.

Montons à la pagode de Siva-Thayumanaver, avant que le soleil ne calcine le grand rocher du Maleikôttay. La porte donne sur une rue, au bas du roc. Des cariatides monolithes en granit forment les montants. Elles représentent des personnages colossaux, niais, les mains jointes. Sur les plinthes, des éléphants en bas-relief. Un large corridor sombre mène à un grand escalier protégé par de hautes murailles, véritable escalier de forteresse. A mi-hauteur, des paliers donnent accès à de vastes salles. De l'une d'elles part une musique discordante, bruit confus de tambourins, de fifres et de conques. Dans une de ces pièces vit le *Tambiram*, le chef de la pagode. Le tambiram actuel manque de pittoresque. Son prédécesseur était à voir. Depuis quarante ans il laissait croître sa chevelure, qu'il déployait devant ses visiteurs. Elle atteignait un mètre quatre-vingt-deux centimètres. Sur son torse nu pendait un collier formé de ces baies brunes qu'on appelle *Rudraksha* (yeux de Siva). Il portait des pendants d'oreilles en or, un pagne en peau de tigre. Une autre peau de tigre était étalée à ses pieds. Il ne sortait qu'en palanquin, un merveilleux palanquin d'ivoire incrusté d'or. C'était un *Manerva tambiram*, un moine silencieux, chargé d'administrer les vastes domaines du temple.

Des brahmines veuves descendent puiser l'eau sainte du Cavery. Elles ont la tête rasée, et sont vêtues d'un pauvre *silé* blanc. Elles se détournent de notre chemin, pour n'être point souillées par notre haleine. Si elles le peuvent, elles se dissimulent même dans les ouvertures qui donnent du jour à l'escalier. Mais voici que, d'en haut, des brahmes nous crient de ne point avancer. Ils ont mis sur un palier la statue de Siva, et ne veulent pas que nous passions auprès. Nous gagnons donc le palier supérieur par un étroit escalier creusé en dehors.

L'escalier couvert une fois franchi, il faut atteindre le sommet du roc en gravissant des degrés taillés dans le granit. De loin en loin, nous rencontrons d'assez gracieux portiques. Enfin, au sommet du Maleikôttay, se dresse un petit pagodin carré, assez sale, abritant la hideuse statue d'un fils de Siva, le Pulléar pansu, à tête d'éléphant. Quelques Indiens, prosternés à ses pieds, lui offrent des noix de coco.

De ce sommet, la vue est splendide. La fertile plaine du Cavery étale ses rizières, dont aucune prairie n'égalerait la fraîcheur. Au-delà du fleuve, l'île de Seringam, fourré de verdure d'où jaillissent les gopouras des pagodes. Au sud, la ville; au delà, des blocs de gneiss, dont un, le *French Rock* (rocher français), fut le témoin de notre dernière lutte avec les Anglais. Puis des bosquets de cocotiers et de manguiers; toutes les teintes de la plus admirable verdure, ruisselante de lumière. Seul, l'odieux Pulléar nous afflige par sa laideur.

Nous redescendons, croisant encore de pauvres gens qui montent offrir des fleurs au dieu ventru, ou bien des veuves, à l'air misérable, esclaves déshonorées qui fuient notre regard. Un groupe de brahmes, le front rayé de deux lignes blanches, la marque des Sivaïtes, nous suit

TRICHINOPOLY : ENTRÉE DE LA PAGODE

d'un regard équivoque. Ils sont du conseil de la pagode. Ils se défient des Swamis blancs. Un tintamarre aigre, concert diabolique, remplit le temple. Nous évitons la salle où trône Siva. Nous sommes enfin au bas de l'interminable escalier, hors de l'antre.

De Siva, passons à Vichnou ! Sur les bords du Cavery, fleuve sacré, aussi saint que l'Indus et le Gange, des fidèles se baignent, silencieux. Des sortes de portiques, aux larges escaliers, donnent accès au fleuve; matin et soir, les brahmes y viennent faire leur *sandhya* purificateur. L'éléphant de la pagode s'y baigne en ce moment, et il semble prendre un plaisir infini à se doucher à l'aide de sa trompe.

Le Cavery mesure environ cinq cents mètres de large. Superbe, à la saison des pluies, dans sa bordure de cocotiers inclinés sur les flots, il contient actuellement plus de sable que d'eau, mais un joli sable doré, encore humide. Un beau pont à arches nous mène à Seringam. L'île sainte a quatre kilomètres de largeur, quatorze de longueur. Au nord, elle est baignée par le Coleron, l'autre bras du Cavery.

ENTRÉE DE LA PAGODE DE SERINGAM

Ikshwaku, l'ancêtre de Rama, avait, dit la légende, apporté du ciel l'idole de Vichnou et l'île même de Seringam. Lorsque Rama vint combattre, dans l'île de Lanka, le géant Ravana, un frère du ravisseur l'accompagnait. Celui-ci portait avec lui Seringam, qu'il déposa un moment dans le Cavery. Quand il voulut reprendre son fardeau, Seringam immobile résista. Voilà pourquoi l'île sainte, venue du ciel, repose encore dans le grand fleuve.

Dès qu'on a passé le Cavery, on s'enfonce dans une large avenue ombragée de banians, bordée de bangalows appartenant à de riches brahmes, ou de mandabams en pierre, servant d'abris aux pèlerins. Une foule de piétons anime la route. Hindous au vetti artistement drapé; femmes au silé rouge, portant sur la hanche leurs urnes de cuivre, ou, sur la tête, des pyramides de bouse de vache, réduite en gâteaux pour servir de combustible, ou des charges de paille de riz, ou des piles de cruches en terre. Sur les bords de la route, des marchands accroupis vendent des cocos, du bétel, des pâtisseries, des mangues.

Toute l'île est un délicieux fourré, dont la puissante végétation recèle, m'assure-t-on, d'énormes serpents pythons, ainsi que de précieux coléoptères. Mais voici la façade, inachevée, et l'entrée de la pagode.

La pagode de Seringam, le plus vaste temple de l'Inde, est une vraie ville. Sept enceintes carrées entourent le sanctuaire de Vichnou. Le rempart extérieur a près d'une lieue de périmètre. Chaque enceinte est percée de quatre portes, dominées par d'immenses gopouras. La hauteur de ces tours diminue à mesure qu'on approche du centre. De larges voûtes, formées d'énormes monolithes, mènent à de larges chemins de ronde. Des brahmes seuls habitent les dernières enceintes. Les castes inférieures vivent dans les autres. Si un paria passait le seuil de la dernière porte, il serait tué. Entre chaque enceinte, s'élève un *pandel* de pierre formé de quatre colonnes de granit, supportant un toit très lourd, orné aux angles, en guise d'antéfixes, du bœuf symbolique, monture de Siva.

C'est un roi de Madura, Viswanadâ-Nayaker, qui, vers 1563, aurait bâti les murs d'enceinte et les gopouras. L'édifice aurait été achevé par deux autres rois, Tirumaley-Nayaker († 1659) et Vijaya-Ranga Nayaker († 1732).

Une foule bigarrée, radieuse dans la lumière d'or, remplit les rues :

SERINGAM

peons, au turban rouge et au baudrier écarlate, babys sans costume, brahmes aux écharpes de mousseline blanche. Dans l'épaisseur d'une enceinte, s'étend le *tchoultry*, vaste salle aux mille colonnes. Au centre, sur un massif char en pierre, on place, aux jours de fête, chacune des images de Vichnou. Sur les bases des colonnes, ou le long des murailles, gambadent des idoles, sculptées en haut relief. Elles sont huilées. C'est ainsi qu'on les nourrit. On les gave d'huile et de beurre. On conserve même une mare de ce beurre rance et fétide. On le distribue aux pèlerins, et ceux-ci, avec lui, remportent chez eux le choléra.

Sur les murs, quelques fresques, ce qui est une rareté. Par exemple, cette légende : Vichnou avait, un jour, surpris un groupe de laitières qui se baignaient. Il ravit leurs vêtements, grimpe sur un arbre, où il attend que les malheureuses, pour ravoir leurs silés, se rendent à discrétion. Cette histoire est l'objet d'une fête, où on la représente en action. « Vous n'en saisissez pas le symbolisme, nous disent avec humeur les brahmes auxquels nous demandons le sens de cette polissonnerie. L'aventure est mystique. Elle indique que Dieu nous prive de nos biens matériels, pour nous forcer à lui en demander de spirituels. »

Décembre est le mois de Vichnou. Au jour de sa fête, on rappelle comment le dieu, étant sur le point d'épouser Lakchmi, celle-ci attendit vainement toute une nuit son fiancé. Celui-ci ne rentre que le matin. Lakchmi le reçoit de la belle façon, et tous les spectateurs, prenant parti pour Lakchmi, accablent le dieu d'injures. Je n'ai point appris des brahmes le sens mystique de cette aventure.

Trois beaux éléphants viennent nous saluer d'un retentissant barrit. Délicatement, du bout de leur trompe, ils reçoivent notre aumône, qu'ils remettent à leurs cornacs. Nous voici aux dernières enceintes réservées aux brahmes. On nous arrête, et il serait téméraire de passer outre. Le prince de Galles n'a pu, lui-même, pénétrer jusqu'au sanctuaire central. Si nous forcions la consigne, nous serions tués.

Du faîte d'une gopoura, nous contemplons l'ensemble des bâtiments, œuvre vraiment royale. Puis, nous repassons sous les portes bizarres, sous les colonnades formées de chevaux cabrés, fantastiques cariatides. Partout, sur le front des éléphants, sur celui des hommes, sur les murs, s'étale le signe de toutes les sectes vichnouistes, le trident à la fourche blanche, à la dent du milieu rouge. C'est le *nâhman*, dégradant symbole, le plus odieux qui puisse déshonorer une face humaine. Un pauvre païen, à moitié fou, qui ne nous a pas quittés, marmotte les mille noms de Vichnou. Il nous montre, sur les colonnes, les images en relief du dieu, de sa femme, de son fils Kama, le Cupidon indien, et les représentations de ses multiples avatars. L'air hébété, il va, désignant du doigt ces laideurs; puis, il nous tend la main, comme l'éléphant nous tendait sa trompe : guère plus d'âme dans l'un que dans l'autre.

Dans l'île de Seringam, non loin de la pagode de Vichnou, Siva possède un temple, Tirouvanacoïl[1]. Moins vaste, plus solitaire que l'autre, il présente de plus jolis aspects et de meilleures sculptures. Son

[1] Souvent, les temples de Siva et de Vichnou sont ainsi accouplés.

PAGODE DE SERINGAM : LE TCHOULTRY

(Cl. Skeen)

teppakoulam est fermé par deux étages de portiques, aux frises dentelées. Tandis que je le photographie, j'entends un roulement de tambour et des chants. C'est une procession. Un éléphant drapé de rouge ouvre la marche, qui est rapide. Sur des brancards, on porte Siva et Minatchi, une de ses Saktis. Des enfants et des bayadères suivent, celles-ci drapées dans un silé jaune, les joues barbouillées de safran, une ceinture d'or aux reins, ce qui est leur insigne. Elles modulent un chant monotone, et disparaissent au détour d'un portique.

BRAHMA

VICHNOU ET SIVA COMBINÉS

*
* *

Bien qu'on l'appelle *brahmanisme* [1], le culte hindou, présentement, a évincé Brahma de la Trimourti; et, bien que des savants d'Europe l'appellent quelquefois une œuvre de sagesse, il est le plus monstrueux assemblage d'erreurs que l'ignorance, jointe à la malice, ait pu amonceler. Car c'est à la fois l'ignorance et une malice systématique qui ont fait le brahmanisme moderne.

SIVA

KALI

LAECHMI, femme de Siva

Partout, la débilité de sa raison et ses instincts charnels ont porté l'homme à corrompre l'idée première et sainte qu'originairement il avait de Dieu. Pour sauvegarder, dans son peuple, la vraie notion de sa nature, on sait de quels châtiments et de quels miracles Dieu a dû se servir. L'Hébreu pourtant,

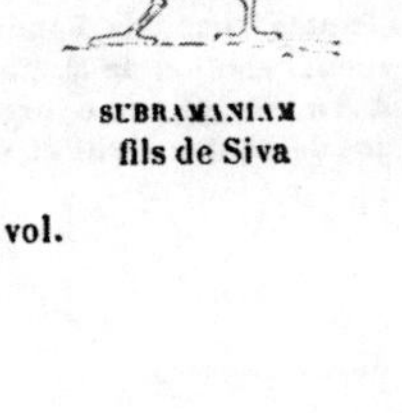

SUBRAMANIAM fils de Siva

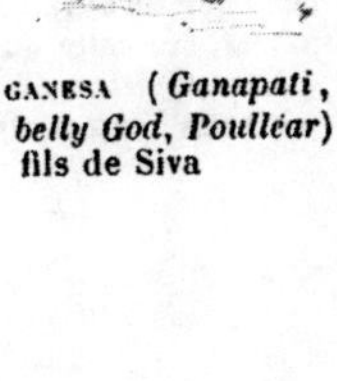

GANESA (*Ganapati, belly God, Poulléar*) fils de Siva

[1] Voir Mgr Laouënan, *Du Brahmanisme*, 2 vol.

évitait malaisément de tomber dans l'idôlatrie et dans le fétichisme.

Parti, lui aussi, d'une idée vague mais pure d'un Dieu unique, d'un *Brahm* qui était l'être absolu, l'Indien a trouvé la source de ses erreurs dans son impuissance à expliquer la production des êtres. Ayant perdu la notion de la création, il l'a remplacée par celle de l'émanation; et, du jour où, après la période védique, il a voulu philosopher sur ce phénomène, il a été logiquement amené au panthéisme et au plus démesuré des polythéismes. Dieu étant tout, tout a pu devenir Dieu; la créature la plus perverse, l'élément le plus vil, le plus ignoble fétiche ont pu contenir l'essence divine et mériter l'absolue adoration. Ce beau travail accusait, en somme, de l'impuissance philosophique. Dans la formation du brahmanisme, c'est la part de l'ignorance.

La malice et la politique des brahmes ont achevé l'œuvre d'erreur. L'Inde, en effet, n'a jamais réuni une race homogène. Peuplée d'abord de races chamites, chez lesquelles l'idée de Dieu avait été plus tôt et plus grossièrement corrompue, envahie vers le XXIIe siècle, par des tribus touraniennes, dont la théogonie n'était pas moins altérée, elle reçut, vers le XVIe siècle avant Jésus-Christ, une race nouvelle, descendue de la Bactriane et de l'Arya. Chamites et Touraniens devaient être subjugués par la force et par la sagesse des nouveaux venus. D'illustres épopées ont chanté les victoires aryennes. Un code fameux les consacra. Les lois de Manou établissaient la suprématie sociale des Aryens; et, parmi les Aryens, la précellence divine des Brahmes. Vers la fin du VIe siècle, avant Jésus-Christ, une révolution religieuse — peut-être aussi sociale — s'en prit au culte brahmanique et à la hiérarchie aryenne[1]. Mais, après une lutte de plus de mille ans, au VIIe siècle

[1] Après d'autres auteurs, M. Gustave Le Bon (*Civilisations de l'Inde*, l. IV, chap. III) affirme que le bouddhisme n'était pas plus une révolution sociale que religieuse. Il appuie son opinion principalement sur les monuments, qui, du IIe siècle avant Jésus-Christ au VIIe siècle de notre ère, racontent la résorption du bouddhisme, recouvert et étouffé par le polythéisme local. Mais ces monuments dont les premiers datent du IIe siècle, n'indiquent pas exactement la foi des bouddhistes du VIe siècle avant Jésus-Christ. Le bouddhisme, formulant une façon nouvelle d'honorer Dieu, réformait la religion. Quant aux institutions sociales, il y touchait bien aussi. Rien qu'en acceptant l'eau que lui offrait la femme tchandala, Bouddha ruinait l'œuvre des castes. Aussi, j'aime mieux, sur cette question, l'opinion de M. Nath Bose (*Hindu Civilisation*, t. I, chap. III) : « L'hindouisme étant, en réalité, une organisation plus sociale que religieuse, les schismes contemporains de Gautama ont eu un caractère aussi social que religieux. »

après Jésus-Christ, le bouddhisme est vaincu. Alors, comprenant bien que, pour gagner les races inférieures qu'ils dominent, il faut adopter leurs idées, les Aryens, ou plutôt les Brahmes, admettent peu à peu dans leur Panthéon tous les dieux des indigènes, et parviennent à légitimer toutes leurs turpitudes. Ils laissent la polygamie et la polyandrie aux races qui la pratiquaient; ils inventent même très à propos quelques légendes divines pour les autoriser. Ils adoptent décidément le culte du serpent, les sacrifices humains, le culte du lingam et du yôni. Les *Pouranas* (VIIIe et IXe siècles) élaborent ce brahmanisme nouveau, où Vichnou et Siva rayonnent au premier plan, Vichnou avec ses dix avatars, Siva avec ses unions à toutes les déesses cruelles ou infâmes des cultes aborigènes. Des sectes se forment, parmi lesquelles dominent le sivaïsme et le vichnouisme. Des cultes s'inaugurent, aboutissant à d'inénarrables désordres. Pour consacrer une aventure arrivée à un fils de Siva, les temples se remplissent de bayadères, vestales d'un nouveau genre.

QUELQUES INCARNATIONS DE VICHNOU

En Rama

En Krichna

En lion

En porc

En poisson

La prochaine incarnation qui détruira le monde

Pour régner, les Brahmes ont corrompu; leurs traditions ésotériques les préservaient de la perversion doctrinale dont les Soudras étaient atteints. En autorisant celle-ci, ils l'ont partagée. Ce fut leur habileté, leur crime et leur châtiment; aussi, plus que les autres, ils méritent de porter sur leur front le trident vichnouiste.

Permis à des savants d'Europe de restaurer — d'après quelques hymnes védiques, d'après quelques commentaires comme les *Vedantas* ou les *Oupanishads*, ou quelques pages de l'*Uttara-Mimansa* — une philosophie idéale, et de s'imaginer que cette philosophie est celle de l'Inde. En fait, le brahmanisme actuel, celui qu'on pratique, dont les brahmes *rougissent*, est, philosophiquement, le ramassis des plus lourdes erreurs, et, moralement, l'école des plus grossières turpitudes. Il a été un instrument de règne pour une caste habile et coupable. La seule vérité en laquelle cette caste ait encore foi, c'est qu'eux, les *dévas*, sont des dieux de la terre. Ils sont les premiers, quand on leur signale les turpitudes de leurs fêtes et de leur culte, à répondre qu'il faut cette pâture aux Soudras, et que, partant, ils la leur donnent. Quand l'instruction européenne les a rendus sceptiques, ils n'en gardent pas moins l'amour d'un culte qui leur asservit les autres castes. Les autres, les Soudras, du fond de leur ignorance, conservent la notion vague d'un Dieu mêlé à tout, plutôt malfaisant, et qu'il faut apaiser. Ils gardent le souvenir inexpliqué d'une purification nécessaire à l'homme, mais que de puériles ablutions obtiennent. Subramaniam et le Pulléar restent leurs dieux les plus populaires, et l'idée de la génération animale demeure la pensée obsédante de ces adorateurs du lingam.

Quand on s'est rendu compte par soi-même de cette triste réalité, la lumière de l'Inde semble moins dorée. Sur les routes enflammées on admire moins les belles attitudes et les draperies éclatantes. Une immense pitié envahit l'âme, causée par l'immense détresse de ce peuple. On voudrait crier, on voudrait avoir la force de crier, comme Jésus-Christ le faisait sous le portique du temple : « Si quelqu'un a soif de vérité et de vertu, qu'il vienne à moi ! » Et l'on admire davantage ces hommes héroïques qui vont, là-bas, tenter de sauver les âmes perdues.

TIROUVANACOÏL, DANS L'ILE DE SERINGAM. — LE TEPPAKOULAM

CHAPITRE VI

LES CASTES

Origine des castes. — L'œuvre du temps et l'œuvre des brahmes. — Le morcellement. — La main droite et la main gauche. — Inconvénient des castes. — Leurs avantages. Leur avenir.

Quand je débarquais à Colombo, sur ma pirogue à balancier, le Paraver qui m'accompagnait croisait, indifférent, des barques chargées d'Indiens. Mais parfois il se retournait vivement, et signalant un canot qui venait à nous : « Ils sont de ma caste », me disait-il en souriant, comme s'il n'apercevait qu'alors des compatriotes. Depuis, sur tous les chemins, dans tous les villages où j'ai passé, le premier souci de mes hôtes ou de mes compagnons était de m'indiquer à quelles castes j'aurais à faire. Quelques stations rapides dans des hôtels cosmopolites ne donnent guère au touriste européen, client de la compagnie Cook, le contact et la connaissance des castes. J'étais à la meilleure école pour les étudier.

*
* *

Ce n'est pas à l'Inde, si peu consciente de son passé, qu'il faut demander de sûrs enseignements sur l'origine des castes. Elle répondrait par des fables. Au IIIe siècle avant Jésus-Christ, l'ambassadeur de Séleucus Nicator au roi Sandrocotus, Mégasthènes, avait déjà remarqué dans l'Inde des clans, des μέρη. Les Portugais ont appelé ces divisions des *castas*. Le nom de castes leur est resté.

Aux temps védiques, la race aryenne ignorait, semble-t-il, les castes. Elle était divisée tout au plus en tribus, en groupements familiaux, que rappellent les phratries grecques et les *gentes* latines. Livrée à elle-même, elle aurait connu peut-être une évolution analogue à celle des peuples congénères, et sa constitution aurait pu ressembler à celle de Lycurgue, de Solon ou de Servius. Mais quand, il y a trente-six siècles, il déborda dans le bassin de l'Indus, puis s'établit dans le Sapta-Sindhu, le peuple aryen se vit en présence de races touraniennes ou chamites, soumises sans doute elles-mêmes à des fractionnements dont la nature nous est inconnue[1].

L'amalgame de la race conquérante et des races vaincues, la nécessité pour elles toutes de se fondre, et la préoccupation, pour les plus hautes, de ne se laisser ni absorber ni corrompre par les moindres, ont donné naissance aux castes.

En son propre sein, le peuple aryen avait d'ailleurs vu surgir une division, prélude lointain des morcellements futurs. Les fonctions sacerdotales, réservées d'abord au père de chaque famille, étaient, en effet, peu à peu devenues le monopole héréditaire de quelques familles choisies, appelées, du nom de leur fonction, hommes de prières, *brâhmanas*. Ces fonctions devinrent plus importantes le jour où, dans l'usage commun, la vieille langue des hymnes ayant fait place au prakrit, il fallut, pour interpréter les Védas, avoir reçu une instruction

[1] On trouve des castes dans les populations sauvages des montagnes, lesquelles ne doivent rien aux Aryens.

spéciale. Ceux-là seuls qui la possédaient détenaient les formules de la prière, du droit, de la science. De ce jour, les brahmes allaient être les prêtres, les penseurs et les poètes du pays, l'âme, la raison, la conscience vivante de la race.

UN VELLAGE

Par le plus profond des calculs, ils se contentaient de ce rôle, secondaire en apparence, tandis qu'ils abandonnaient à la tribu des Kshatriyas la guerre et même la royauté, et confiaient aux Vaïçyas le commerce et l'agriculture. Plus tard, quand la légende essaiera de consacrer le fait accompli, on insérera dans un hymne du Rig-Véda, dans l'hymne à Pourousha, ce verset interpolé : « Les Brahmes sont ta bouche; les Râjanyas ou Kshatriyas tes bras; les Vaïçyas tes cuisses. Le Soudra est issu de tes pieds. » Les Brahmes rattachaient ainsi à leur théogonie une de leurs plus habiles manœuvres

Conscients de leur valeur et de leur fortune à venir, les Brahmes se sentaient donc dès lors et se disaient les *dêvas*, les dieux de la terre, la pensée vivante du monde. Tandis que les Kshatriyas et les Vaïçyas y veillaient moins, eux mettaient un soin religieux à ne pas s'indianiser, à fuir le contact et surtout l'union des Soudras. Aussi, un vieux proverbe, constatant déjà les altérations de la race, disait-il que les Brahmes restaient blancs, mais que les Kshatriyas devenaient rouges, les Vaïçyas jaunes, les Soudras noirs.

Il en allait ainsi depuis des siècles. Théoriquement, en dehors des trois classes d'Aryens, il n'y avait qu'une caste de Soudras. Pratiquement, de nouveaux groupements, amenés par la conquête du pays soudra, et par d'inévitables unions, avaient introduit, dans le système primitif, des variétés nouvelles. Sur elles toutes, les Brahmes maintenaient leur souveraineté célébrée par les épopées, affirmée par les commentaires des Védas. Au VIe siècle avant Jésus-Christ, gronda la révolution bouddhique, prêchant l'égalité de tous, révolution appuyée par tous les mécontents de la famille aryenne. Mais le bouddhisme fut vaincu, et, dès le IVe siècle avant Jésus-Christ, commençait à s'élaborer ce formidable monument de la domination brahmanique qu'on nomme le *Manava dharma Sastra*, ou traité scientifique des lois de Manou. Il allait définir l'ordre hiérarchique, non seulement des classes aryennes, mais aussi des castes soudras. Dès lors, les castes sont instituées. En haut, les trois castes des *dvijas* ou deux fois nés, de ceux qui, après la naissance physique, ont reçu l'investiture du cordon sacré [1] ; en bas, les multiples castes des Soudras.

Chaque caste forme une corporation fermée et indépendante, ayant son chef, son conseil, sa justice qui peut frapper d'amendes, condamner à des purifications dispendieuses, expulser même de la caste. Des lois précises interdisent tout mariage hors de la caste. Elles prescrivent que les gens d'une caste ne mangeront aucun mets préparé par ceux d'une caste inférieure, ni ne prendront de repas avec eux. Aux veuves, elles interdisent de se remarier; elles veulent que les enfants soient mariés avant leur puberté, afin sans doute que leur caprice ou leur passion ne viennent point troubler le choix dicté par le scrupule familial.

L'occupation de chaque caste, ses purifications, ses aliments, tout est fixé de par Manou, qu'on dit être le premier-né de Brahma. Un écrivain indien, des plus dignes d'être consultés, M. Pramatha Nath Bose, l'a fort bien dit : « De sa naissance à sa mort, l'Hindou ne peut manger, boire, s'éveiller, dormir, ni même sortir de sa maison, sans consulter sa religion... Son existence entière peut être appelée, sans exagération, un tissu de devoirs religieux [2]. »

Ainsi, tout ce qu'avait introduit la coutume, la religion le consacre; l'habileté des Brahmes en fait le code définitif qui étreindra à jamais la société hindoue, et dont l'article fondamental est que les Brahmes dominent le monde.

[1] Par suite d'une concession des Brahmes, cinq castes d'artisans, bien que Soudras, portent aussi le cordon sacré.

[2] *A history of Hindu civilisation during British Rule*, t. I. Introduction, p. XXXII.

DANS LA PAGODE DE TIROUVANACOÏL

Ce code est aujourd'hui encore en vigueur, avec cette nuance toutefois que les castes primitives se sont émiettées; que, outre les Mahrattes et les Rajpoutes, héritiers plus ou moins authentiques des Kshatriyas, on compte deux mille castes de Brahmes, et que, dans la seule présidence de Madras, on pourrait relever deux cent cinquante castes de Soudras, subdivisées en quatre-vingt-dix-neuf mille fractions.

L'Européen se perd dans ce morcellement. L'Hindou s'y retrouve et s'y complaît. Au pays tamoul, les principales castes soudras sont celles des Vellages, une des plus nobles, des Moudéliars, des Paravers pêcheurs ou marchands de la côte de la Pêcherie, des Maravers et des Callers, guerriers et voleurs, des Odéages, cultivateurs du riz, des Sanars, cultivateurs de palmiers, des Vanniers; puis, ce sont des castes monopolisant chaque métier : tisserands, orfèvres, charpentiers, blanchisseurs, barbiers, etc., etc.

Au-dessous et en dehors des castes soudras, d'autres subdivisions, non moins exclusives, non moins dédaigneuses les unes des autres, comprennent les castes serviles, sans doute d'origine chamite : les Parias originaires du pays tamoul, les Sakkyliars ou cordonniers, les Callers, les Tottis chargés des plus vils détails de la propreté domestique. Tous ceux-là sont des *Tchandâlas*, les derniers des hommes d'après Manou.

Plus la caste est élevée, plus est méticuleuse la législation qui les garantit des unions et des contacts capables d'abâtardir la race. Le Brahme est monogame, et ne peut épouser qu'une brahmine de sa caste, quitte du reste à se donner des concubines prises d'autres castes. Aux dernières castes soudras, sont laissés la polygamie et le divorce. Quant aux Parias, tout leur est permis, sauf de souiller de leur haleine la maison, ou la rue, ou le chemin d'un Brahme, et d'entrer dans une pagode. A eux la viande de bœuf et les boissons enivrantes ; à eux le droit exclusif de jouer du tambour, comme aux barbiers le privilège de souffler dans des instruments de cuivre. Quand un bœuf meurt dans un village, il appartient de droit aux Tottis du lieu. Au son des tambours, ceux-ci annoncent la bonne aubaine, et, pendant plusieurs nuits, ils se délectent de cette viande cuite à l'alcool. Et ils s'en croient plus heureux qu'Indra !

On voit quels agents divers ont contribué à établir les castes. Telle quelle, cette étrange institution présente de tels désavantages que le premier mouvement de l'Européen est de la maudire.

Elle fait d'abord que l'Inde n'est pas un peuple ; qu'après trente-six siècles, l'idée de patrie n'a pas encore germé parmi ces deux cents millions d'hommes, qu'aucune pensée d'indépendance, d'autonomie, ne pourra de longtemps entrer dans leurs cerveaux [1].

Dans le même village, le Moudéliar a son quartier distinct de celui du Sanar, et le Sanar ne nouera aucune relation avec le Paria. Au lieu de se désigner par leurs noms, les castes soudras s'appellent castes *de la main droite* ou *de la main gauche*. A la main droite appartiennent les plus hautes castes soudras, et les Parias. A la main gauche, les marchands, les artisans et les Sakkyliars. Malheur à

[1] « Public spirit of patriotism as, we understand it, never existed amongst the Hindus; and the cast system is, at least partly, responsible for its non existence. (Bose, ouvr. cité, I, Introduction, p. XXI.)

MOSQUÉE MUSULMANE A TRICHINOPOLY

l'homme de la main gauche qui élèverait un *pandel* supporté par douze, et non par onze bambous, ou qui laisserait son pagne flotter jusqu'à terre, au lieu de le relever à mi-cuisse ! Malheur au Sanar qui usurperait les bijoux des Vellages, aux femmes soudras qui draperaient leurs silés à la mode brahmine! L'Indien, qui est doux comme un enfant, devient forcené quand il croit l'honneur de sa caste mis en jeu. Aussi bien, dans le Ràmayana, Rama n'immole-t-il pas de sa main un Soudra qui se permettrait de faire des austérités réservées aux Brahmes!

J'ai pu constater cette intolérance féroce mieux que je n'aurais voulu; car, du mois de mai au mois d'août 1899, l'Inde tamoule a été le théâtre de désordres sans nom, d'une véritable terreur amenée par l'hostilité de deux castes.

Des Sanars païens, caste infime, enrichis par la vente du coton ou par le commerce du padinir (sucre de palmier), avaient bâti à leurs frais une pagode à Kamoutti. L'idée leur vint, idée bien naturelle, d'y pénétrer. Mais le dieu indien n'admet dans ses temples ni Parias, ni petites gens. Pour punir donc les Sanars de leur audace, les Maravers, poussés par les Brahmes, se jettent, le 6 juin, sur le village de Sivakasi, incendient les paillotes des Sanars, volent et outragent leurs femmes, les massacrent eux-mêmes; puis, s'organisant en bandes, ils promènent l'incendie et le pillage dans tous les villages sanars. Quand on se fut suffisamment massacré, les cipayes furent mis en mouvement. L'autorité anglaise, un peu débordée, arrêta les pillages; mais, dans sa préoccupation de ne point se créer d'embarras, elle ménagea les forts au détriment des vaincus.

Un décret de la cour de Madura, rendu par un Brahme, déclara les Sanars coupables d'avoir voulu souiller une pagode de leur présence. La police indienne est indignement vénale et corrompue : je l'ai entendu avouer et déplorer par des magistrats anglais. Force néanmoins devait lui rester. Aussi, des juges qui avaient prononcé contre elle furent honorablement disgraciés, et le collecteur du Tinnevelly obtint, en étouffant de son mieux l'affaire, une paix à laquelle la justice ne trouvait peut-être pas très bien son compte, et qui était, du reste, si peu durable, qu'aujourd'hui, après plus d'un an, meurtres et pillages continuent de plus belle.

Ces trois mois de terreur m'avaient, en tout cas, fait comprendre ce que deviendrait l'Inde, si une cause quelconque, en éloignant les Anglais, la rendait aux Indiens. Des colères d'enfants, sans raisons et sans profits, y provoqueraient une anarchie dont rien ne peut donner l'idée. Ce serait l'œuvre des castes.

Sans même amener ces extrémités, la division en castes engendre un autre inconvénient. Elle cause la stagnation du pays[1]. Elle arrête toute expansion du génie individuel, tout progrès des castes inférieures. Elle érige la routine en vertu. Au Totti, éternellement, son lot d'immondices à balayer, au forgeron son enclume, au Sanar son palmier, à la femme son ignorance, à tous leurs fétiches. Ils peuvent s'enrichir, non s'élever, et surtout ils ne doivent jamais franchir la distance qui les sépare des Brahmes.

Quant à l'Évangile, quel obstacle à sa diffusion que cette barrière des castes ! Presque partout où le catholicisme est connu, les païens, on me l'a assuré, ne mettent pas en doute qu'il ne soit la vraie, ou, du moins, la meilleure religion, la seule pure, celle qui n'a rien à cacher de ses dogmes et de son histoire. Mais ce qui maintient les païens dans

[1] Bose, ouvr. cité, p. 33.

MON ÉQUIPAGE

leur erreur, plus peut-être que la peur des maléfices ou que les regrets charnels, c'est la crainte de perdre leur caste. Aussi, dans le langage populaire, ne disent-ils pas *se convertir* au catholicisme, mais *tomber* dans le catholicisme. Sur les registres du cens, en 1891, à côté du nom de chacun, on indiquait sa caste ; aux noms des catholiques, on se contentait d'accoler l'épithète *christian*, ce qui n'a fait qu'accréditer l'idée qu'un chrétien n'a plus de caste.

Or, perdre sa caste, c'est perdre sa nationalité ; c'est rompre le seul lien qui attache l'Indien à la terre ; et un Indien ne peut envisager sans effroi cette mort civile que bien peu d'Européens accepteraient, si l'on en faisait la condition du baptême.

Parmi les catholiques eux-mêmes, la caste entretient des querelles sans nombre, puériles si l'on veut, mais paralysantes. La nef de droite de chaque église est d'ordinaire réservée aux Parias. On ne leur distribue la sainte communion qu'après l'avoir donnée aux autres. Les castes soudras se confondent à l'église. Il est pourtant des villages où l'hostilité des castes éclate jusque-là. A Vadakenkoulam, par exemple, village composé de Sanars, de Moudéliars et de Vellages, les luttes réciproques ont été si vives qu'en désespoir de cause on a dû bâtir aux chrétiens une église à deux nefs rayonnant hors d'un chœur commun. Les Vellages occupent une nef, les Sanars remplissent l'autre ; mais, seuls, les Vellages pénètrent dans le chœur. Entre ces grands enfants, très pleins de foi, d'une conduite vraiment chrétienne, les luttes sont incessantes. Qui servira à l'autel ? qui chantera à la grand'messe ? Autant de *casus belli*. Et le missionnaire n'y peut rien, que gémir, souffrir beaucoup, et, finalement, mourir de douleur.

En présence de tant d'inconvénients, il semble, je le répète, qu'on doive absolument maudire les castes. De prime abord on s'y trouve porté. Mais des hommes d'une compétence et d'une autorité indiscutables sont moins prompts à condamner une institution qui a pu être nécessaire.

Sans cette préoccupation jalouse de se garder des alliances avec les basses castes, les Aryens, probablement, eussent bientôt déchu. Leur mission, prétend-on, était de transformer les Chamites en se les assimilant. Mais eux-mêmes, à ce jeu, ne risquaient-ils pas de se transformer en Chamites ? Les castes ont été des étages superposés qui ont empêché l'effondrement de la race. Sans elles, l'Inde, depuis longtemps, serait sauvage.

De plus, chez un peuple dépourvu d'initiative, l'hérédité des emplois assure la subsistance à l'enfant, et, à l'industrie, la permanence d'une habile main-d'œuvre. Si les orfèvres de Trichinopoly, avec de si grossiers instruments, font de si admirables chaînes d'or, c'est que l'éducation, des habitudes ataviques, leur tiennent lieu d'écoles. L'essor du génie est arrêté par les castes : peut-être ; mais un aliment est du moins assuré à toutes les activités. Aucun ne peut reculer devant ce rôle social dans lequel il voit une vocation divine. Dans un pays totalement dénué d'institutions économiques, la caste, pendant des siècles, a ménagé des cadres à cette société hétérogène. Les guerres ont passé, les conquêtes, les révoltes ; et, grâce aux castes, l'Inde a vécu, gardant la beauté de son type, l'intégrité de ses constitutions.

Puis, dans ce pays abandonné au caprice des rajahs ou aux entre-

VADAKENKOULAM : L'ÉGLISE CATHOLIQUE

prises des aventuriers, la caste a été un abri pour le faible. Il s'y est retranché comme dans une corporation. Les castes étant toutes intéressées à sauvegarder leurs droits essentiels, s'entr'aidaient dans leurs mutuelles revendications. Ainsi, ce faible, ce Totti, cet abandonné, ne sentait jamais cet isolement auquel, dans nos sociétés modernes, trop d'individualisme condamne souvent le travailleur. D'ailleurs, la caste offrait aux petits des moyens de résister à leurs oppresseurs. Elle permettait de recourir à la grève. Dans la récente peste de Bangalore, révoltés par je ne sais quelle exigence, les Tottis ont refusé leurs services. Il a bien fallu capituler devant eux. Que les barbiers d'un village s'entendent pour ne plus raser leur prochain, que les blanchisseurs se croisent les bras, et personne ne pourra les réduire ni les remplacer. Il faudra vivre sans linge blanc, et, comme aux jours de deuil, laisser pousser cheveux et barbe. Qui souffrirait un tel déshonneur ?

Sans doute, quelque Lycurgue indien aurait pu imaginer pour son pays des institutions plus parfaites que celles de Manou ; mais sont-ce bien les castes, qui, dans l'Inde, ont ruiné l'idée de patrie ? Cette idée était-elle née, serait-elle née dans cette agglomération de races, dont aucune n'était assez puissante ni assez nombreuse pour absorber les autres ?

Les Spartiates, un petit peuple, avaient leurs Doriens, leurs Laconiens et leurs Hilotes, qui correspondaient assez aux Aryens, aux Soudras et aux Parias de l'Inde. Mais, dans l'étroit Péloponèse, neuf mille Doriens suffisaient pour constituer le noyau d'une nation. Quelle race eût été assez prédominante pour former un noyau dans l'Inde immense ?

La caste présente un dernier avantage. A un peuple sans morale, les lois de Manou ont i mp oé une décence extérieure, une retenue légale qui la sauve des derniers excès. Quand tout, dans leur Olympe, ne parle que de débauches, quand le climat de leur pays dispose le tempérament indien à tous les relâchements, l'honneur de la caste, dernier abri de la loi naturelle, sert de frein aux passions. Aussi, extérieurement, personne n'est plus décent qu'un Hindou. Rarement, dehors, un homme s'entretiendra avec une femme. Aux bords des étangs, sur les berges des fleuves, tous se baignent sans se regarder, et, à les voir passer modestes, on prendrait les bayadères pour des vestales. Le sépulcre est plein de pourriture ; il est du moins couvert et blanchi : c'est plus sain.

Les castes ne répondent pas à l'idée chrétienne : peut-être ; et cela prouve la supériorité de cette idée divine. Mais quel peuple païen a trouvé, à la question sociale, une solution plus humaine que celle de l'institution des castes? L'esclavage grec ou romain valait-il mieux? La traite n'est-elle pas pire? cette horrible traite dont des colonies chrétiennes ont si longtemps vécu.

Quels que soient d'ailleurs les services que les castes aient rendus dans le passé, qu'il soit vrai ou non qu'elles seules ont empêché l'Inde de devenir aussi sauvage que l'Afrique, il semble qu'aujourd'hui elles vont perdant leur raison d'être.

« L'Inde, a écrit un professeur de Cambridge, M. Seeley, est toute dans le passé et n'a pas, pour ainsi dire, d'avenir. Où elle va, l'homme le plus savant n'oserait le dire[1]. »

Rien n'est plus juste que cette parole, et, de tous les éléments constitutifs de la société hindoue, aucun ne la justifie mieux que le système des castes. Nécessitée par les circonstances, habilement exploitée à leur profit par les Brahmes, cette institution a fait son œuvre. L'Inde, aujourd'hui, ne souffrirait pas de sa perte, pourvu encore qu'une nation tutrice assistât l'Inde dans cette modification

[1] *L'Expansion de l'Angleterre*, séries de lectures, par J. R. Seeley, traduites par MM. Baille et Rambaud, p. 211.

de son être, et remplaçât les castes par une meilleure institution.

On ne peut guère attendre de l'Angleterre qu'elle favorise cette transformation. Elle trouve son compte au morcellement des castes : « Si le sentiment d'une nationalité commune commençait à se développer, si faiblement que ce fût, disait encore M. Seeley ; si, sans inspirer le désir actif de chasser l'étranger, il créait simplement cette pensée qu'il est honteux de l'aider à maintenir sa domination ; à dater de ce jour, notre empire cesserait presque d'exister. » L'éminent professeur ajoutait : « C'est une condition du maintien de notre empire que de pouvoir le garder sans grand effort [1]. »

Tant que les castes subsisteront, l'Angleterre, sans grand effort, gardera l'Inde. Quelque soixante-cinq mille soldats européens, des régiments de cipayes, commandés par des Anglais, et fort bien disciplinés, contiendront ce peuple désarmé, qui ne retrouve de la colère et de l'orgueil que pour l'exercer contre soi. On ne peut attendre de l'Angleterre qu'elle touche à cet édifice branlant des castes. On ne peut, sérieusement, le lui demander. Elle n'est pas assez forte pour résister aux révoltes qu'un tel projet susciterait, ni pour fonder un nouvel ordre de choses. Elle n'est pas surtout assez folle pour se priver de ce puissant instrument de règne.

ENFANTS PARIAS

Mais, imperceptiblement, malgré son principe absolu de non-intervention, malgré la

[1] *L'Expansion de l'Angleterre*, p. 272.

systématique neutralité de ses écoles, l'Angleterre infiltre dans l'âme indienne des idées, des tendances et des besoins qui ruinent sourdement l'ancienne civilisation. Cette action indirecte est plus efficace et plus profonde que celle des quelques lois promulguées pour empêcher, par exemple, les sacrifices humains, l'infanticide des filles chez les Rajpoutes, les mutilations ou les suicides sacrés.

Comme ces plateaux de Darjeeling, qui, séparés lentement de leur base de granit, se détachaient, au mois d'août 1899, des flancs de l'Himalaya et s'effondraient dans la plaine, le sol mouvant des castes, miné par le temps et par la vérité, pourrait donc, dans un avenir prochain, s'abîmer et disparaître. Cela ne se fera ni partout, sans doute, ni soudain, ni sans l'intervention puissante d'un acteur nouveau qui n'est pas encore en scène. Mais qui oserait prédire que cela ne se fera pas ?

Il n'y a pas beaucoup plus d'un siècle, la Compagnie des Indes possédait quelques comptoirs sur la côte orientale, et, dans le Bengale, elle s'était fait concéder une *dewanie* de l'empire mogol. Politiquement, elle n'était rien dans l'Inde. Le grand Mogol régnait sur l'Hindoustan. Des aventuriers s'étaient emparés des principaux trônes du Dekkan. Les Mahrattes pillaient l'ouest. Seul, à cette époque, un homme comprit que l'Inde était à conquérir. Dupleix dressa le plan de cette conquête; il en formula la théorie précise; car, pour citer encore M. Seeley, « en tant que l'idée de conquérir l'Inde fut une conception raisonnée, elle fut une conception française. Ce sont les Français qui, les premiers, se mirent à l'œuvre et s'avancèrent très loin vers la réalisation[1]. »

Bertrand eut la sagesse de croquer les marrons; Raton les avait signalés. Tandis que Dupleix mourait de misère à Paris, lord Clive commençait cette conquête de l'Inde que Wellesley et Hastings devaient poursuivre, que lord Dalhousie achevait en 1850. Sans aucun sacrifice pour la métropole, l'œuvre impossible était terminée par quelques

[1] Ouvrage cité, p. 39.

hommes résolus. C'était la première étape dans la voie de l'affranchissement de l'Inde.

Depuis surtout que la fièvre des examens s'est emparée de la jeunesse indienne, beaucoup des lois de Manou tombent en désuétude. S'ils ne s'expatrient pas encore facilement — le mauvais état de leurs côtes les prédispose si peu à la vie de marin — du moins les Indiens voyagent-ils beaucoup. J'ai toujours vu remplis les wagons de troisième du *South India Railway*. Or les Brahmes ont bien dû se résoudre à s'y asseoir près des Soudras. Ils avaient espéré d'abord qu'on leur réserverait des places spéciales. Un jour, à Trichinopoly, ils s'étaient réunis sur les quais de la gare, refusant de monter dans les voitures communes. Le train partit sans eux. Ils en furent quittes pour perdre leurs billets, et je ne sache pas que la leçon ait eu besoin d'être répétée.

S'il est un acte infamant et réservé aux barbiers et aux Parias, c'est bien de souffler dans un instrument de cuivre et de frapper du tambour. Un homme de caste qui, à Trichinopoly, aurait joué du piston, il y a quatre ans, aurait été disqualifié. Sa caste l'aurait condamné à de nombreux *prayétchittam* (purifications), et il ne se fût peut-être racheté de sa faute qu'en absorbant du *pantcha-gavia*, ce mets purificateur par excellence, composé des cinq produits de la vache : son lait, son caillé, son beurre, sa bouse, son urine. Or, sur la demande de quelques professeurs de *Saint-Joseph's College*, j'avais porté une *harmonie* aux collégiens de Trichinopoly. Elle fut accueillie avec transport. Au lieu de cet horrible tintamarre que tirent les Parias de leurs trompettes, nos élèves, avec une surprenante facilité, apprenaient de jolis morceaux. On ne voulait point d'abord leur laisser franchir

UN CHARMEUR DE SERPENTS

l'enceinte du collège. Aujourd'hui, on les réclame au dehors; des brahmes les applaudissent, et les vieux missionnaires, qui savent la révolution qu'une telle audace aurait soulevée il y a peu d'années, se demandent, stupéfaits, si le sol ne s'ouvre pas sous leurs pieds, et si le huitième âge du monde, le huitième *manwantra*, ne va pas commencer.

C'est à de faibles indices qu'on devine les plus grands changements atmosphériques. L'histoire de la fanfare du collège en dit long sur l'état d'esprit des Indiens. L'union des états morcelés de l'Inde en un immense et tranquille empire a été l'œuvre de ce siècle, œuvre splendide dont l'Angleterre a le droit d'être fière. Quel est l'homme de génie, quel est le bienfaisant événement, qui, des castes brisées, fera sortir un peuple? Dieu le sait; mais il me semble qu'on ne peut aimer l'Inde, sans appeler de ses vœux cet homme et cet événement.

AU PASSAGE D'UN GUÉ

CHAPITRE VII

FLEURS DE POURPRE

LES SUITES D'UNE RÉVOLTE. — LA POLICE INDIENNE. — TROIS VICTIMES. — LA CONVERSION DU MARAVER. DES ÉLUS. — MORTS TRIOMPHALES

J'ai indiqué quelle ère de violences avait ouverte, dans l'Inde tamoule, le 6 juin 1899, le sac de Sivakasi. Après quinze mois, elle n'était point close, et, en août 1900, dans le district de Tinnevelly, peu de nuits s'achevaient sans belles flambées et sans pillages. A cette vraie guerre civile assistait un gouvernement aveuglé, ou désarmé par l'impuissance, et accordant une confiance obstinée à la police et à l'administration indigènes, c'est-à-dire aux auteurs du désastre.

Les prisons regorgeaient : — il fallait bien trouver des coupables, — mais beaucoup d'innocents les remplissaient, et je veux raconter, car elle me paraît touchante, l'histoire de trois de ces victimes.

Il y avait, à Sivakasi, un Maraver païen, âgé d'environ soixante ans, très populaire dans sa caste et aussi parmi les castes supérieures. Les Sanars le haïssaient. Aussi, la veille de l'incendie de la ville, voulant, en cas de bataille, s'assurer un *alibi* authentique, le Maraver quitta sa résidence ordinaire, et alla se fixer à cinquante lieues plus loin, à Virudupatti.

Quand la nouvelle du massacre de Sivakasi parvint, par dépêche, à Virudupatti, notre Maraver était chez le sous-magistrat du lieu. Il lui demande aussitôt de certifier par écrit qu'à tel jour tous deux conversaient ensemble. Le sous-magistrat attesta.

Rentré le jour suivant à Sivakasi, le Maraver est arrêté par la police et accusé d'avoir, la veille, dirigé les pillards, d'avoir même tué plusieurs Sanars. Le malheureux eut beau protester, et citer comme témoins des habitants de Virudupatti, le juge le reconnut coupable des crimes dont on l'accusait, et le sous-magistrat indien de Virudupatti, qui lui avait donné une attestation écrite, se parjura en pleine cour et déclara n'avoir jamais vu chez lui le Maraver.

Le prévenu fut donc condamné à mort, et, malgré l'indignation publique, la haute cour de Madras maintint une décision, que, ni le Conseil du vice-roi, ni celui de la Couronne n'osèrent casser.

Touché par le malheur de ce païen, le missionnaire catholique de Palamcottah lui avait fait transmettre quelques paroles de consolation. Elles furent assez mal accueillies. « S'il y a un Dieu juste et bon, disait « le prisonnier, comment permet-il le triomphe de mes ennemis? « Comment pourrait-il permettre qu'on me condamne à mort? Et vous, « pourquoi ne me feriez-vous pas délivrer? — J'ai quatre enfants, ajou- « tait-il, — et, de sa main, il indiquait la taille de chacun, et un flot de « larmes coulait de ses yeux, — qui s'occupera de mes enfants? Qu'ont- « ils fait, eux, pour être ainsi privés de leur père? » Puis c'étaient des cris à fendre l'âme. Il se tordait comme un ver.

Mais, un jour, par une grâce singulière, le malheureux se sentit soudain changé, et il demande à l'intendant de la prison de faire venir aussitôt un missionnaire romain.

Celui-ci accourt, et, au lieu d'un, il trouve trois condamnés à mort prêts à le recevoir. Tous trois étaient originaires de Sivakasi, et tous trois étaient condamnés à être pendus pour avoir pris part à la journée du 6 juin. Le premier était notre Maraver. Les autres étaient deux parents, un homme de trente ans, et son neveu, âgé de vingt ans, de la caste des Pandarams. Tous déclarent au Père qu'ils veulent se faire chrétiens, et demander à la religion les consolations que la terre leur refuse.

Très surpris de ce changement, le Père commence à les instruire. Ils buvaient, comme une terre aride, les paroles d'immortelle espérance. Bientôt, tout change à leurs yeux. Ils commencent à mépriser la vie qu'ils vont abandonner et se prennent d'un désir véhément pour cette éternité où ils seront heureux. Ils habitaient trois cellules contiguës : le Maraver occupait la première, l'aîné des Pandarams la seconde, et son neveu la troisième.

Ils avaient demandé à voir le supérieur des missionnaires de Palamcottah. Celui-ci se rend à leur désir, et pénètre dans le premier cachot. « Êtes-vous résigné, demande-t-il au Maraver, et pardonnez-vous à vos « ennemis? » — « Oui, répond l'autre, je pardonne de plein cœur. Je veux

« recevoir le baptême et aller au ciel. J'ai fait tous les sacrifices. Je ne
« vous demande qu'une chose : d'adopter mes enfants, et d'en faire de
« bons chrétiens. Ils viennent d'arriver ici avec
« leur mère. J'ai prié mes amis de ne pas me
« troubler. Je ne veux plus penser qu'à Dieu et
« au Sauveur. » Alors, s'agenouillant, il demanda le baptême et le reçut aussitôt.

Ensuite, on le prépara à sa première communion. Ce Maraver était grand, fort. Son regard intelligent eût été facilement impérieux. Il parlait posément, avec une entière possession de lui-même.

UN MISSIONNAIRE DU MADURÉ

Il ne faisait aucune allusion à son innocence. Dieu, disait-il, lui suffisait désormais et lui tiendrait lieu de tout.

Le Pandaram de la seconde cellule accueillit le Père par ces mots :

« Swami, on se trompe. Ce n'est pas le Maraver, c'est moi qui mourrai « demain. C'est donc moi qu'il faut se hâter de baptiser... » — « Mais « non, dit tout bas le geôlier. Lui ne sera exécuté que le second jour. » — Le condamné était entièrement résigné. Il ne tenait plus à la terre et ne la regardait plus. Comme le missionnaire s'étonnait « de son calme : Je prie, lui dit le malheureux, non pas sur des « livres, comme le fontmes compagnons, car j'aurais eu besoin de « lunettes, et on me les a refusées; je prie en mon cœur. Je ne « cesse de penser à Dieu qui m'attend là-haut. » D'ailleurs, aucune récrimination, aucun souvenir même pour les siens. Mais il assurait toujours que tous se trompaient à son sujet, et qu'il mourrait le lendemain.

Les cellules, contiguës, étaient fermées par une simple grille de fer. Le neveu du Pandaram écoutait son oncle. C'était un tout jeune homme à figure d'enfant. Il souriait avec confiance. « Comment! s'écria le missionnaire en l'apercevant, cet enfant est condamné à mort? » — « Oui, répondirent les geôliers, et on l'exécutera avant la fin de la semaine. » — Le Père ne put s'empêcher de pleurer. « Comment! fit le condamné. vous n'êtes pas content que « j'aille en paradis avec mon oncle? je suis si content, que, tout « l'univers, s'il m'était offert, ne me rendrait pas plus heureux... J'at- « tends l'heure de l'exécution avec impatience. » Son bonheur, sa voix, son attitude, tout, en lui, était extraordinaire. Le missionnaire eut, pour cette âme choisie, des soins plus attentifs. On semblait ne rien lui apprendre. Elle devançait les conseils. La grâce de Dieu l'inondait.

Durant la nuit, on vint avertir le Père que l'aîné des Pandarams mourrait le lendemain matin. C'était bien ce qu'il avait prédit. Donc, le jeudi matin, 9 août, à l'arrivée du prêtre, il était prêt à recevoir le baptême, la communion et la mort. Une escouade de policemen cernait sa cellule. Il dit en souriant : « Croient-ils que je chercherai « à échapper à cette bonne fortune? Je vais à la mort plus content que « je ne le serais si je retournais au village. »

Avant de partir il alla prendre congé de ses deux compagnons. « Mon fils, dit-il à son neveu, je vais au ciel; sois ferme et viens

ENTRÉE DE LA PAGODE DE RAMESOURAM (Cl. Skeen)

« me rejoindre demain. Je prierai pour toi, une fois là-haut. Ne crains rien. »

Et l'autre, joyeux : « Mais, mon père, je ne crains pas. Je ne « faiblirai point, et, demain, nous serons en paradis. Vous marchez « le premier ; courage, car Dieu, notre Créateur, vous assistera. » — « Merci, mon fils, au revoir, au Ciel ! »

Au Maraver le Pandaram disait : « Frère aîné, puis-je m'en aller ? »

« Oui, partez sans crainte. Que notre Dieu vous assiste. Je vous « suivrai bientôt. Soyez sans crainte. »

Et les policemen païens écoutaient, stupéfaits, ces adieux tranquilles. Durant la marche vers son calvaire, le Pandaram priait sans trêve. On lui lut la sentence. « C'est très bien, dit-il, je n'ai rien à ajouter. » Et il tendit sa tête. Les bourreaux, venus de Trichinopoly, ne savaient pas leur métier ; leurs cordes étaient raides. Pendant un quart d'heure, ils torturèrent leur victime qui invoquait seulement Jésus-Christ.

La mère et la grand'mère du jeune condamné, toutes deux païennes, vinrent, hurlantes, à la prison. La joie qui rayonnait sur le front de leur fils fut pour elles un mystère. « Mère, pourquoi vous désoler, disait « l'enfant. Mon oncle est au ciel, où il sera heureux éternellement. Moi, « j'y serai demain, et, ici même, je ne puis vous dire le bonheur que « j'éprouve. »

« Comment heureux, toi, répondait la mère, heureux derrière cette « grille? Mais alors rends-nous heureuses, nous aussi. Prends-nous au « ciel avec toi. »

L'enfant leur expliqua sa foi. Elles écoutaient infiniment surprises, promettant de faire tout ce qu'il demandait. « Après ma mort, vous « viendrez vous établir à Palamcottah; les Pères vous instruiront; « vous irez à l'église; ensuite vous viendrez prier sur ma tombe, et « j'obtiendrai de Dieu, pour vous, ce que vous lui demanderez. »

Le Père était présent à cette entrevue. Ni lui, ni les geôliers ne parvenaient à s'expliquer comment un enfant, encore païen, pouvait tenir un langage aussi élevé. Les deux mères se retirèrent accablées d'émotion. L'enfant fut baptisé sous le nom de Laurent. Il pria toute la nuit, modulant sa prière chrétienne sur un air païen. Il avait reçu le scapulaire. Il invoquait la sainte Vierge, lui demandant non seulement du courage, mais de la joie. Il baisait, il caressait l'image du sacré Cœur. Il avait appris la prière avec une merveilleuse facilité. Il récitait sans cesse le *Memorare*.

Le vendredi matin, 10 août, le Père lui porte le saint sacrement. Il le reçoit avec ravissement. Ensuite on lui annonce que c'est l'heure. « Je suis prêt; répond-il. Il prend congé de ses geôliers, avec une bonté qui les fait pleurer, et, s'approchant de la grille du Maraver : « Mon « frère aîné, lui dit-il, je vais au ciel. Ayez bon courage. Oubliez tout « ce qui n'est pas éternel ». — « Mon fils, répond le Maraver, allez « joyeusement. Demain j'irai vous rejoindre. J'ai fait le sacrifice de « tout. Plaçons toute notre confiance en Dieu. »

Laurent se retira, saluant avec respect l'intendant de la prison et le médecin anglais. Ceux-ci avaient peine à cacher leur émotion. Grande foule sur la place foule sympathique et surprise. Laurent marche radieux. On lit l'arrêt de mort : « La cour de Tinnevelly porte une sentence de mort contre vous. » — « J'en suis heureux, interrompt Laurent. » « Vous avez fait appel à Madras, et votre appel a été rejeté. » — « J'en suis très heureux. » — « Vous vous êtes adressé au gouvernement de Madras et votre pétition n'a pas été acceptée. » — « J'en suis extrêmement heureux. » — « Vous vous êtes adressé à la Reine, et Sa Majesté a rejeté votre supplication. » — « J'en suis ravi, et mon cœur déborde de joie ! »

UN VILLAGE DU SUD

Jamais on n'avait entendu supplicié tenir pareil langage. Ses interruptions inattendues émouvaient singulièrement l'assistance. Celui même qui lisait la sentence tremblait. Seul Laurent était calme.

« Avez-vous quelque chose à ajouter ? lui demanda-t-on. — Il répondit : « Je n'ai besoin de rien. Je vous dis adieu à tous. Je m'en vais plein de joie. » A ces mots l'intendant se découvrit avec respect. Laurent mourut en répétant le nom de Jésus.

On couvrit aussitôt ses restes de toile blanche, et la foule l'accompagna au cimetière catholique. La police elle-même se joignit au cortège.

Le 11, le Maravei allait au supplice avec le même courage. Le collecteur craignait, à cette occasion, un soulèvement de la caste. Il avait convoqué la réserve de la police. Les Sanars avouaient en tremblant, que, sur un signe de cet homme, toute la contrée se porterait sur Palamcottah. Mais les Sanars ne s'attendaient pas à le voir mourir chrétien.

Une fois dominé par la grâce, le Maraver ne voulut entendre

parler ni d'amis, ni de caste, ni d'aucun intérêt temporel. Il écrivit à Sivakasi, priant ses amis de ne point venir le voir, d'envoyer seulement sa femme et ses enfants. Il écrivit aussi un acte par lequel il léguait sa famille à la mission catholique, priait ses parents de se faire chrétiens et donnait un terrain qui lui appartenait, pour y bâtir une église. En se rendant à l'exécution, il demanda qu'on le laissât à son recueillement. Avant de se laisser lier les mains, il fit un grand signe de croix, et puis ne cessa plus de prier.

L'Indien, d'ordinaire, voit venir la mort sans frayeur, avec une sorte d'indifférence. C'est le *mokcham*, la délivrance. Il l'accueille comme un soulagement. Mais de telles fins, sereines et enthousiastes, sont exceptionnelles. « Jamais, disait l'intendant des prisons, jamais je n'avais assisté à de semblables exécutions. Je ne croyais pas qu'on pût aller si joyeusement au supplice. » Ces morts triomphales, racontées dans le Tinnevelly, y feront germer la foi, surtout parmi les Maravers. « Oh! la figure de cet enfant, répétait un magistrat anglais, jamais elle ne s'effacera de ma mémoire! » Et les missionnaires eux-mêmes avouent qu'ils n'étaient pas habitués, dans l'Inde, à ces prodiges d'illumination soudaine.

. . . .

Ainsi, aux âges héroïques de l'Église, tandis que les demeures patriciennes restaient ensevelies dans la nuit, dans les quartiers obscurs des villes, l'Esprit descendait sur les fronts baptisés, et, des flaques de boue, naissaient, radieuses, des fleurs de pourpre!

MADURA : PROCESSION PAÏENNE

CHAPITRE VIII

LES BRAHMES

La race muscade. — Portraits de brahmes

Aux races blanche, jaune et noire, les Indiens ont accoutumé d'ajouter, à leur profit, la race *muscade*. Cela les préserve d'être appelés noirs, ce qu'ils ne souffrent pas.

Bien qu'Aryens, les Brahmes tamouls ne sont pas blancs. Ils ont les teintes du café grillé, depuis le jaune doré jusqu'au brun brûlé. Admirablement moulés, sveltes et féminins quand ils sont jeunes, obèses parfois à l'âge mûr, ils ont une pureté de lignes, une finesse d'attaches qui ravissent, et qui les font aisément distinguer d'un Soudra.

La figure et le sommet au moins de la tête rasés, la chevelure — le *coudoumi* — troussée en chignon, le torse nu, légèrement drapé d'un *salvé* (écharpe) de mousseline, leur cordonnet passé en sautoir, aux reins, un long *vetti* de toile ou de mousseline blanche, ils vont nu-pieds, nu-tête, veillant à ne rien fouler d'impur, superbes.

Les Brahmes qui font partie des administrations ajoutent à ce costume une longue veste de toile blanche ou beige, sur laquelle flotte le salvé; un *talapa* (turban) blanc, rouge ou violet, lamé d'or; et souvent des babouches, qu'ils abandonnent avant d'entrer dans une maison.

Leur doux regard est celui d'un félin. Il caresse, s'allume rarement; jamais il ne dit leur âme. Ils fuyaient jadis, ils devraient encore fuir l'Européen autant qu'un Paria. Nos écoliers brahmes s'éloignaient de nous, autrefois. Ils sont aujourd'hui câlins comme des panthères apprivoisées; aussi peut-on, mieux que jamais, plonger dans leur vie.

J'en voudrais donner un aperçu; dire ce que serait le Brahme resté *fidèle* aux Védas; ce que devient le Brahme *égaré* à la recherche d'une religion naturelle; ce que sont enfin nos Brahmes *convertis*, nos Brahmes catholiques.

I. — Les fidèles

Les fils de la grande Ourse. — Noblesse des brahmes. — Leurs sectes. — Le sacerdoce et les mantras. — Les quatre états. — L'oupanayana. — Éducation d'un bramatchari. — Son mariage. — La journée d'un grihapati. — Métiers et rites. — Les sandhyas. — Les sacrifices. — Les sacrements brahmaniques. — Mort et funérailles. — Troisième et quatrième état. — Les Saniassis. — Yoguis et fakirs. — Sépulcres blanchis.

Pour retrouver les ancêtres de la race brahmanique, il faut, dans l'histoire, chercher au-delà des temps védiques; il faut remonter au déluge; ou bien, dans le ciel, il faut regarder la grande Ourse, dont les sept étoiles ne sont, ni plus ni moins, que les sept pénitents, les sept *mounis*, pères des Brahmes.

La race descend de ces sept pénitents. Elle surveille attentivement ses alliances. Les Soudras, eux, se marient non seulement dans leur caste, mais aussi dans leur famille, entre les parents les plus proches, entre cousins germains s'il se peut. Ils ont soin seulement de croiser la ligne masculine et la ligne féminine; par exemple, de donner leur fils à la fille, non de leur frère, mais de leur sœur. Les Brahmes sont plus scrupuleux. Ils se marient dans leur caste, mais ne prennent jamais de femmes appartenant à leur *gotram*, ou descendance du même mouni. Aussi bien, leur généalogie, exactement notée, leur assure, disent-ils, une noblesse défiant, comme ancienneté et comme authenticité, toute noblesse européenne. N'ont-ils pas, à la pagode de Seringam, refusé au prince de Galles l'accès du sanctuaire réservé, sous prétexte qu'il n'était pas d'assez bonne famille!

UN POUSSARI VICHNOUISTE

Quelle que soit sa caste, ou sa branche, ou sa secte ; qu'il soit *veichnava*, au front marqué du *nahman;* — *smarta*, le front barré de trois lignes blanches ; — *outrana*, le front rayé d'une ligne perpendiculaire rouge ; — ou *cheviah* (secte infime chargée du service des temples); — le Brahme ne diffère des autres hommes, il ne devient réellement Brahme qu'après l'*oupanayana*, l'investiture du *pounoul* ou cordon sacré[1].

Douze jours après sa naissance, l'enfant reçoit un nom. Sauf les Paravers qui portent des noms de famille portugais, les Tamouls n'ont point de nom gentilice. Comme les anciens Grecs, ils ajoutent seulement au leur le nom de leur père. Ils disent : Kristnaswami, fils de Jagayaran ; et ils écrivent simplement : J. Kristnaswami.

A six mois, l'enfant est sevré ; à trois ans, tondu. Un rituel millénaire fixe les plus menus détails de ces cérémonies compliquées, comme de toutes celles dont je parlerai. Elles s'accomplissent toutes devant la maison paternelle, sous un *pandel* (abri) supporté par douze bambous.

Le vulgaire métier de *poussari* (sacrificateur et gardien des petites pagodes) est réservé aux Soudras. Seul, le besoin déterminerait un Brahme à le remplir. La connaissance et l'emploi des *mantras* — formules sacrées sanscrites — est l'apanage commun des Brahmes. Mais le droit lucratif d'officier aux cérémonies, surtout brahmaniques, est réservé à certains Brahmes dits *pourohitas*.

[1] Voir abbé Dubois, *Mœurs et coutumes des peuples de l'Inde*.

Eux seuls savent les mantras liturgiques, qu'ils se transmettent jalousement de père en fils. Eux seuls composent et promulguent, chaque année, l'almanach indien, ramas de prédictions ridicules, dont le débit leur rapporte gros. A l'*ougadhi*, — premier jour de la lune de mars, et de l'année indienne, — les pourohitas vaticinent sur l'année qui s'ouvre, comme, sans doute, aux calendes de janvier, les pontifes le devaient faire à Rome.

Au-dessus d'eux, les pourohitas ne reconnaissent que les *gourous*, maîtres et guides de chaque secte.

Quand donc son fils a cinq ou six ans — neuf ans au plus — et quand le pourohita lui a indiqué un jour faste du mois de mars, d'avril ou de mai, le Brahme dresse devant son logis un élégant pandel, sous lequel il élève un petit cône de bouse de vache[1]. Par la vertu d'un mantram, le pourohita fait descendre le dieu Pulléar dans cette bouse. Sous cette humble apparence, le fils de Siva présidera aux fêtes.

Les provisions et les présents sont réunis; les amis sont conviés. Les fêtes dureront quatre jours. Le second jour, qui est le plus important, le pourohita fait descendre Vichnou dans une cruche d'eau; de cinq pots remplis de terre, il fait cinq autres divinités. Puis, devant ces témoins divins, il purifie le candidat de tous les péchés d'ignorance commis depuis sa naissance. Assisté de neuf Brahmes, il lui impose enfin le *pounoul*, composé de trois ficelles, formées chacune de neuf fils de coton cueilli et cardé par des Brahmes.

L'investiture achevée, au milieu des roulements de tambour et des chants, le père s'approche de son fils, et, tout bas, lui confie les grands secrets ésotériques qu'il ne faut pas révéler au vulgaire stupide. Il lui enseigne l'existence d'un dieu unique. L'enfant répétera d'autant moins cette confidence, faite en sanscrit, qu'il n'y comprend absolument rien.

Un copieux banquet termine chacune de ces journées. A la fin de

[1] Des raisons d'hygiène et de prudence économique ont porté les législateurs de l'Inde — comme ils y avaient porté Moyse — à proscrire certains mets. La chair de bœuf était un de ces aliments. A cette interdiction sage, l'Hindou a fini par trouver des motifs faux. A ses yeux, le bœuf est devenu le symbole de la vertu fécondante de Siva, la monture, *le vahan* préféré de ce dieu. Bientôt même le bœuf est devenu dieu. Aussi l'Hindou vénère-t-il tout ce qui procède du bœuf, et rêve-t-il, comme un suprême honneur, d'habiter, dans ses transmigrations futures, le corps sacré d'une vache.

JEUNE BRAHME

la quatrième, on promène, à travers la ville, le jeune *déva*, porté dans un riche palanquin. Chaque année, il devra célébrer l'anniversaire de son investiture, et changer alors de cordon. Il obtiendra, par ce fait, le pardon périodique de ses fautes.

L'*oupanayana* ouvre la première période de la vie du Brahme. L'enfant, dès lors, est *bramatchari.* Il le restera jusqu'à ce qu'il soit père.

Régulièrement, le bramatchari devrait, par ses bons soins, s'attirer la faveur d'un maître spirituel, qu'il vénérerait comme son père, et qui l'initierait à la connaissance des Védas. En pratique, c'est dans sa famille que l'enfant apprend de ses parents les mantras et les rites brahmaniques, les façons traditionnelles de prononcer le tamoul, en le chargeant d'aspirées, les usages de la caste. Il se familiarise peu à peu avec les instruments de sa domination future. L'étude des Védas n'étant plus de saison, il va demander aux écoles, même catholiques, la science européenne. Il ne devrait fréquenter aucune école où pénètre un Soudra. Il le fait maintenant. Passer la mer ou franchir l'Indus seraient deux crimes irrémissibles. Il ne s'est pas encore accoutumé à les commettre. L'entrée dans le *covenanted civil service* exigeant des études faites en Angleterre, quelques jeunes Brahmes se sont risqués à s'expatrier. Cela leur a valu la radiation de la caste.

En fait d'arts, le jeune Brahme apprend les vieux chants traditionnels et la danse que lui enseignent les bayadères. Il ne peut toucher que du *vounei* (cithare), ou de la *kinnahra* (guitare), et encore si les cordes en sont faites de fil métallique.

UN BRAHME

Le bramatchari grandit, candide jusqu'à l'âge où le saisit le vice, auquel il cède sans résistance et sans excès; dont il use sans remords apparent. Il prend alors un masque d'hypocrisie que le temps épaissira. Satisfait de sa pureté rituelle, à laquelle il tiendra de plus en plus, il ignore l'autre, l'intime, la vraie, celle que Jésus-

Christ indigné conseillait aux Pharisiens, vrais émules des Brahmes.

Entre temps, on a marié le brahmatchari, sans le consulter, cela va sans dire; son mariage, comme celui de tout Indien, est une affaire que les parents arrêtent irrévocablement, souvent dès que leur fils est né.

Il a seize ans; sa fiancée en a neuf, peut-être cinq. La fête a duré cinq jours. Les réjouissances se sont prolongées pendant un mois; elles ont laissé peut-être la famille ruinée. Sous le pandel, de nouveau élevé, Pulléar est encore descendu, sous le gracieux symbole d'une bouse de vache. Il a présidé ces fêtes, réglées minutieusement par le plus ancien rituel qui soit peut-être au monde. Enfin le taly d'or a été attaché au cou de la jeune épouse. Le couple a été promené dans la ville en un superbe palanquin découvert. Puis, on a dépouillé les enfants des bijoux dont ils sont accablés, et chacun d'eux est revenu chez ses parents respectifs, jusqu'à ce qu'ils soient en âge de fonder un foyer.

Tout Brahme doit se marier. La direction des grandes pagodes étant réservée à un célibataire, on choisit un Vellage pour ce poste élevé. Il faut que le Brahme paie la dette de ses ancêtres et qu'il soit père.

Enfin il l'est. La seconde phase de sa vie s'ouvre pour lui. De brahmatchari qu'il était, il devient *grihapati*, pontife et chef de sa demeure. Il connaît ses devoirs et ses droits, les divins privilèges de sa caste. Sans les comprendre, il sait divers mantras. S'il est pauvre, il peut, en maître, demander l'aumône. On s'honore à la lui faire. D'ailleurs, autour de chaque pagode, dans presque tous les villages, s'élèvent des *tchattrams*, hôtelleries subventionnées par la pagode, ou fondées par des princes. Tout Brahme s'y peut présenter. Pendant trois jours, on s'empressera de le servir. Servir un Brahme, c'est le meilleur acte de religion qu'il soit donné à un Soudra d'accomplir. Régulièrement, le Brahme devrait être exempt de tout impôt, garanti de toutes représailles s'il faisait tort à un Soudra. Il honorerait presque un Paria s'il le tuait. En revanche, le voler, lui, est un crime irrémissible.

Retiré dans la solitude avec sa femme et ses enfants, le Brahme y devrait mener une vie toute philosophique. Son divin état exigerait cela.

Mais il y a beau temps qu'il ne l'entend plus ainsi. « Pour son ventre on joue bien des rôles », telle est la maxime du Brahme. A défaut de rôles glorieux, il joue des rôles utiles.

Il peut être marchand, à condition de ne point palper d'articles impurs, par exemple des étoffes rouges ou des peaux. Il peut être médecin, à condition de ne toucher un Paria qu'à travers un tissu de soie. Il peut être homme d'affaires, courtier. Son titre de Brahme lui ouvre toutes les portes; sa merveilleuse souplesse lui fournit d'inépuisables expédients. Il peut aussi débiter aux naïfs des prédictions et des oracles. Il est un incomparable charlatan. Surtout, il est le maire du palais désigné de tous les rois fainéants; il devient même celui des princes les plus avisés.

Mais qu'il soit pauvre ou riche, qu'il habite les maisons basses et sombres de Madura, ou les bangalows à terrasses de Seringam, le grihapati fidèle doit avoir pour principal souci d'accomplir les rites de sa caste. Mélange de symboles profonds et de pratiques grotesques, ces rites sont l'infernale caricature des règles

CORTÈGE DE SUBRAMANIAM

de la sainteté. Tout ce que la mystique chrétienne conseille et obtient, le rituel brahmanique le conseille aussi en le défigurant.

Notre invincible désir de purification et d'union à Dieu, le brahmanisme l'a ressenti. Il a une contrefaçon de nos sacrements; mais la purification que ses rites lui confèrent est décevante. Je voudrais le prouver en racontant la journée d'un Brahme [1].

Dès son réveil, avant le lever du soleil, le Brahme adore Vichnou, puis, son gourou, puis lui-même. « Je suis dieu, se dit-il, le seul dieu; je suis Brahma, bienheureux, immuable! » — « Dieu, dit-il ensuite à Vichnou, qui êtes un esprit, c'est par vos ordres que je me lève et que je vais m'engager dans les embarras du monde. » Il prévoit alors les actions de sa journée, s'anime à les bien accomplir, et récite les mille noms de Vichnou.

Puis, il se rend à une cinquantaine de pas de sa maison, près d'une rizière ou d'un étang. Le rituel lui indique, en vingt-trois points, comment il doit s'acquitter de la moins noble de ses fonctions animales.

Des règles non moins précises lui marquent comment ensuite, avec une petite branche d'arbre, il doit, tourné vers l'orient, se brosser les dents. Qu'il n'use point d'une autre tige que de celle de l'arbre indiqué; qu'il ne s'en serve pas surtout un jour néfaste : il y va de son salut.

Ses dents brossées, le Brahme joint ses mains et les élève; puis s'approche de la rivière pour prendre son premier *sandhya*, sa première ablution. Comme avant toute action importante, il dirige son intention, en faisant le *san calpa*. Les yeux fermés, l'air préoccupé, il pense à dix-neuf choses : à Vichnou, à Brahma, à l'incarnation de Vichnou en cochon blanc, au roi Barata, à la montagne sacrée, au pays

[1] Je n'entends point, ici, me moquer simplement de pratiques païennes, dont certaines, pourrait-on dire, ont le même sens que plusieurs de nos cérémonies chrétiennes, parce qu'elles répondent à un besoin moral commun à tous les hommes. Je veux montrer, dans la vie brahmanique, combien la lettre a tué l'esprit, combien la vérité a disparu sous le voile des formules et des rites incompris. Si le respect que je dois à mes lecteurs me le permettait, je ferais plus. J'indiquerais la vie de ces pénitents, de ces *saints* du brahmanisme, dont les pagodes s'élèvent partout. La condamnation du brahmanisme, c'est qu'on ne peut, décemment, raconter son histoire. Le chrétien n'a rien à cacher de son dogme ni de son culte. Le Brahme ne peut avouer les siens. L'apologétique, de ce seul fait, tire une conclusion triomphante.

Dravida, à l'année, à la saison, à la lune, etc. Manquer un seul point de ce rite changerait en sacrilège l'action qui suit. Le san calpa achevé, le Brahme pense au Gange, et aux sept fleuves sacrés. Il s'imagine être dans le Gange, prend trois fois de l'eau dans ses mains et, les élevant, fait une libation au soleil. Il se baigne alors, se ceint d'une toile pure; puis, après des libations sans nombre au soleil et aux dieux, après avoir tourné sur lui-même un nombre de fois déterminé, il rentre chez lui. Là, il complète sa toilette, en dessinant sur son front la marque de sa secte. Un païen, dont le front ne porte aucune marque, est un homme qui n'est pas habillé. — Un sacrifice au feu termine le grand lever brahmanique.

PAGODE DE TANJORE

Le grihapati peut alors vaquer à ses affaires. A midi, il retourne à la rivière accomplir un second sandhya, plus compliqué, plus chargé de libations que le premier, entremêlé de prières qui rendent impeccable. On prendrait pour un fou ce bonhomme qui fait claquer ses doigts en tournant sur lui-même, qui frappe la terre pour écraser les démons, et qui récite des milliers de mantras au feu, à l'eau, au beurre, à l'herbe, à Vichnou, etc.

Il a fini. Il rentre au logis, se gardant de tout contact impur. Il va dîner; mais auparavant, il doit offrir le *poudja*, ou sacrifice quotidien. Dans un coin de la salle du milieu, dans un petit tabernacle à deux battants, trônent les dieux domestiques, petites idoles en cuivre ou en terre peinte, plus ou moins grossièrement travaillées; ce sont : Vichnou, Subramaniam, le Pulléar. Dans toute maison brahmanique se doit aussi trouver une sorte de pierre noire appelée *salagrama*, pierre sacrosainte, dans laquelle Vichnou s'incarne. Devant les dieux, sur des degrés, sont disposés : un vase de cuivre plein d'eau, une lampe, du riz bouilli, des fleurs, des citrons, des bananes, des noix de coco.

Le Brahme chasse les démons en tournant sur lui-même et en faisant claquer ses dix doigts. Il se forme un nouveau corps, en se disant à lui-même : « Je suis la divinité à laquelle je vais sacrifier. » En se comprimant la narine droite, et en aspirant fortement par la narine gauche, il dessèche ce nouveau corps ; il le brûle en pressant ses deux narines, en prononçant six fois le mot *ron*, et en pensant au feu.

Il n'a plus qu'à prononcer trente-deux fois le mot *lom*, et à souffler fortement par la narine droite : son corps brûlé sera changé. Il aura de nouveaux sens. Il pourra répéter qu'il est la divinité à laquelle il va sacrifier. Qu'il fixe l'âme du pénitent Narada dans sa tête, celle de Vichnou dans sa poitrine ; alors, complètement purifié, il peut offrir son sacrifice. Ce sacrifice consiste à évoquer le dieu, à lui présenter un siège pour s'asseoir, de l'eau pour se laver, du lait pour boire, de la poudre de santal pour se parfumer, du riz, des fleurs, une lampe allumée. Parfois l'idole est placée sur une sorte de plat en cuivre, et le Brahme l'alimente en l'oignant d'huile, ou de beurre, ou de lait caillé.

Certains fidèles font de vrais sacrifices. Un jeune Brahme du collège avait une opulente chevelure qui lui descendait jusqu'aux jarrets. Un jour, on le voit arriver tondu. « Qu'as-tu donc fait, lui crie-t-on, de tes beaux cheveux? — Je les ai offerts à Vichnou, afin de réussir à mon prochain examen. »

Son sacrifice accompli, le grihapati s'assied pour dîner, en compagnie de Brahmes pauvres qu'il a invités. Dans la cuisine, qui est l'appartement le plus retiré de sa maison, aucun Soudra ne doit entrer. Le regard d'un étranger en souillerait tous les ustensiles, qu'il faudrait briser. L'appartement a été enduit de bouse de vache ; la plus scrupuleuse propreté a été apportée à la cuisine.

Aucun Indien ne mange sur une assiette de porcelaine ou de terre, ni à l'aide d'un instrument qui servirait deux fois. Il reçoit son riz sur une feuille de banane ; deux autres feuilles, cousues en forme de tasse,

LE *Poudja* (SACRIFICE QUOTIDIEN)

contiennent, l'une le *colombo*, sauce extraordinairement épicée qui assaisonne le riz, l'autre, le beurre fondu.

Le Brahme est végétarien : les œufs même lui répugnent. Mais il est très gourmand, et très exigeant sur l'assaisonnement de son riz. Il mange en silence, évitant tout regard. Le regarder manger serait lui faire une mortelle offense.

PAGODIN

Je montais un jour en chemin de fer avec un Brahme qui venait de Madras. De Madras à Trichinopoly il s'était trouvé en compagnie d'Européens, et n'avait pu déjeuner. Il espérait enfin être seul, quand j'entrai. Au bout d'une heure ou deux, n'y tenant plus, il m'avertit qu'il veut manger, et, qu'en raison de vieux préjugés, il me supplie de ne pas le regarder et de lui tourner le dos. Je l'assurai que je n'avais pas le mauvais œil. Il sourit, et, tout en se détournant, il déjeuna fort bien.

Comme les Arabes, — comme les Kneippistes, — l'Indien ne boit qu'après son repas, mais sans jamais porter à ses lèvres son *sembou* de cuivre. Il mange ensuite quelques-unes des herbes qu'il avait offertes en sacrifice, puis congédie ses hôtes après leur avoir offert du bétel. Il cède alors sa feuille de banane à sa femme, qui mangera après lui.

Le soir, au coucher du soleil, le grihapati devra se rendre à la rivière pour un troisième sandhya, aussi compliqué que les précédents. Il y cherchera surtout à noyer *l'homme du péché*. Il visitera ensuite la pagode; portera au dieu des noix de coco, des fleurs ou de l'huile; il fera le tour du temple un nombre de fois déterminé; accroupi sur ses talons, il saisira son oreille gauche de sa main droite, son oreille droite de sa main gauche; se tapera sur les tempes; et, sanctifié par ces exercices, il rentrera chez lui prendre son second repas.

Il se couchera enfin, après avoir adoré la terre, Vichnou, l'oiseau Garouda, et les démons, gardiens de Siva.

La journée est achevée. Elle a pu être injuste ou infâme. Le Brahme n'en est pas moins satisfait. Ce corps de péché, que saint Paul enseigne à détruire raisonnablement, le Brahme croit l'avoir anéanti par ses sandhyas. Cette union à Dieu, cette divinisation de soi que la grâce surnaturelle confère, il s'imagine l'avoir obtenue par ses offrandes et ses évocations. Ses contorsions et ses grimaces ne l'ont point purifié, et il a raison de craindre le démon, comme il le fait, car il en est le jouet et la victime.

Comme il a ses règles ascétiques, le Brahme a ses sacrements, ses signes sensibles institués par le démon, mais impuissants à le sanctifier. L'eau dans laquelle a trempé la pierre sacrée salagrama, l'ignoble mélange du pantcha-gavia, sont des liquides sanctificateurs. Certaines herbes comme le darba, sont divines; elles sont une partie du corps de Vichnou; les Brahmes en font un usage constant. L'herbe toulochy est, elle aussi, appréciée. La voir purifie; la toucher sanctifie; la manger garantit à l'agonisant l'accès du Souarga. Je sais que, dans certains sacrifices de famille, le gourou fait un mélange de riz, de bouse et d'urine de vache, d'herbe darba, d'eau de Cavery ou du Gange. Il donne, de ce mélange, une cuillerée à chaque assistant; pratique d'autant plus étrange, qu'elle contredit tous les usages brahmaniques, lesquels ne tolèrent pas que le même instrument soit touché par deux lèvres. Mais la bouse purifie tout!

Enfin le dernier acte de la vie du Brahme est annoncé. Il va mourir.

Dans la salle centrale de sa maison, on enduit la terre d'une couche de bouse de vache, qu'on couvre d'une jonchée d'herbe darba, puis d'une toile blanche. Le fils aîné ou le fils adoptif appelle le pourohita, dont les mantras purifieront l'agonisant. L'officiant fait avaler au malade l'horrible pantcha-gavia. Puis il introduit une vache et son veau. Tandis qu'on débite des mantras, l'agonisant tient la queue de la vache, qui le conduira dans l'autre monde, et lui fera passer le fleuve du feu. Détail curieux et triste : si la vache, en ce moment, arrose le malade, il est certain de sa justification.

Le pourohita se retire, emmenant la vache dont on lui a fait don. Le fils aîné fait alors raser tout le corps de son père, et, afin d'expulser le péché de son être, il souffle par toutes ses ouvertures.

PÈLERIN PÉNITENT

La mort est venue. On lave le cadavre, on le pare de ses plus riches toiles et de ses joyaux. On le calfate avec du pantcha-gavia et de la terre sacrée. On le couvre de fleurs. On l'étend sur un brancard, tandis que les femmes et les parents hurlent de douleur et s'arrachent les cheveux.

Quatre ou cinq heures après la mort, le cortège funèbre s'organise. Le fils précède, portant le feu dans un vase de terre. Point de musiciens aux funérailles des Brahmes. Quatre Brahmes saisissent le brancard, fait de sept tringles de bois, reposant sur deux perches. La tête du mort est découverte. On s'arrête trois fois, afin de lui donner à manger et à boire ; afin surtout de bien constater qu'il est décédé. Mais les âmes errantes suivent le cortège, et tentent de s'emparer du cadavre. Le pourohita doit veiller à ce qu'elles n'y pénètrent pas. Quand il craint de ne pouvoir lutter contre elles, il précipite la marche. C'est alors une course lugubre qu'on ne peut rencontrer sans frémir.

Les femmes, d'ordinaire, ne paraissent point aux obsèques. Un jour, cependant, le long du Cavery, passait un étrange défilé. Derrière le fils, porteur du feu sacré, des musiciens jouaient du *taraï*. Et tandis que

Le mort s'en allait tristement
S'emparer de son dernier gîte,

une quinzaine de femmes se livraient à la plus bruyante gaieté. Elles dansaient et riaient de façon à donner à tous leurs proches l'envie de trépasser.

A un mille de Trichinopoly, s'élève un des abris en pierre sous lesquels on brûle les cadavres. Dans un sillon peu profond, qu'on remplit de bouse de vache et de bois, on dépose le brancard. Sur la poitrine du mort, on place une motte de bouse embrasée. Le fils offre un sacrifice à ce feu ; puis, s'approchant encore de toutes les ouvertures par lesquelles le démon pourrait pénétrer dans la dépouille paternelle, il leur adresse un mantram purificateur, et les arrose de beurre fondu. On dépouille alors le cadavre, on le couvre de bouse sèche et de bois, et, après quelques simagrées, le fils met le feu au bûcher.

Quand il est consumé, les Brahmes en recueillent les cendres, et, à Trichiponoly, vont les jeter dans le Cavery.

Le deuil du Brahme dure un an, pendant lequel des rites nombreux doivent être observés.

Ses enfants une fois élevés, le grihapati fidèle devrait monter à un degré plus élevé de sainteté. Comme Alceste le voulait faire avec Célimène, il devrait, avec sa femme, se retirer dans le désert et y devenir pénitent ou *Vanaprasta*. Par la pénitence il se dépouillerait peu à peu des illusions qui l'abusent ; il se diviniserait ; il deviendrait Brahma. Désabusés des faux biens — de l'ambition, des richesses, de la volupté, — il vaquerait à la contemplation ; il offrirait le grand sacrifice de l'ékiam ou du bélier ; il lutterait contre les géants invisibles. Il mériterait d'être adoré des hommes. Convaincu d'avoir atteint une entière purification, il n'aurait, du reste, plus besoin de surveiller ses sens. Il pourrait aspirer à la mort, et se précipiter dans les flammes ou dans l'eau.

Il n'existe plus aujourd'hui de sincère vanaprasta. En revanche, beaucoup de pénitents parcourent le pays tamoul, souvent entièrement nus, quémandeurs insolents, chanteurs obscènes, admirés en raison même de leur cynisme. Ils ne font en cela qu'imiter ces anciens pénitents déifiés, dont les pagodes se dressent dans le pays, et dont les aventures sont infâmes.

Le quatrième état du Brahme, le plus parfait, est celui de *saniassi*.

Quand il se sent appelé à ce sublime état, le Brahme en avertit son gourou, qui le revêt d'une toile jaune, rompt son pounoul, tond son *coudoumi*, lui donne un bambou à sept nœuds, une peau de gazelle et une calebasse. Ce sera tout son avoir.

Le saniassi abandonne sa femme, ne doit plus prendre qu'un repas par jour. Il chausse des socques de bois. Il ne vit que d'aumônes, et ne poursuit que la sagesse. C'est par le *yogam*, par la contemplation, qu'il y parviendra ; et il serait curieux de comparer, aux degrés du yogam indien, les divers châteaux de l'âme décrits par sainte Thérèse. Tandis que la sagesse indienne aboutit misérablement à l'annihilation de l'intelligence, au pur idiotisme, la pensée chrétienne, aidée de la grâce divine, parvient à cette union ineffable, à laquelle, inconsciemment, à travers tous les autres amours de ce monde, aspire toute âme créée. Dans l'Église catholique elle-même, la contemplation peut aisément dégénérer en quiétisme; elle doit se garder de l'illuminisme. Comment la contemplation païenne éviterait-elle ces excès?

PAGODIN

Pratiquement, les yoguis indiens sont aujourd'hui de simples crétins. J'en ai observé un, près de Trichinopoly. Depuis plusieurs mois il vivait accroupi à la porte d'un pagodin, fixant les deux paumes de ses mains, bannissant toute pensée, retenant sa respiration, contenant tout souffle. S'il s'était dressé, les pieds en haut et la tête en bas, et si, dans cette position, il avait aspiré six fois par une narine et respiré six fois par l'autre, il eût accompli le plus saint de tous les exercices du yogam, celui qui expie tous les crimes.

Au yogam, le saniassi doit ajouter la pénitence. Exalté par sa propre folie, et par l'adoration qu'il provoque, il doit se livrer à tous les excès du fakirisme. Comme il a corrompu l'idée divine de la contemplation, le paganisme a défiguré la pénitence. Ses ascètes et ses fakirs sont les victimes du pire des maîtres; et si l'ascète chrétien porte sur son front un reflet du ciel, le répugnant fakir semble déjà commencer son enfer.

On ne brûle pas le corps du saniassi; on le dépose, assis, au fond d'une fosse ronde, remplie de sel. On laisse seulement son crâne émerger du sol. On brise sur ce crâne des cocos qui le fracassent. On recouvre enfin la tombe d'un tertre de sel et de terre, couronné par un lingam de pierre. Digne symbole de la sainteté païenne, affront suprême jeté par le démon aux restes de ceux qui furent ses jouets!

II. — Les égarés

Les victimes du doute. — *Timides* : le pèlerin de Tiroupatti. — *Résolus* : les néo-hindouistes — L'Arya-Samadj et la Brahma-samadj. — *Dévoyés* : les théosophistes. — Mme Blavatsky et Annie Besant. — Le brahmanisme en faillite.

Les Brahmes ne sont ni assez fervents, ni assez naïfs, pour observer toutes les coutumes que je viens d'indiquer. Certaines de ces pratiques sont, du reste, de simples règles d'hygiène, devenues, par suite d'une méprise superstitieuse, des actes de religion. Telles, les ablutions ou les abstinences. Elles coûtent peu : on les observe volontiers. D'autres tendent à sauvegarder la supériorité de la caste, elles font partie de l'étiquette : on y tient encore. L'Indien fait bon marché du reste.

Aussi bien, les Brahmes fidèles deviennent-ils rares aujourd'hui; l'état d'esprit des autres tient surtout de l'égarement. Moins sensible dans les bas étages du brahmanisme, ou parmi les habitués des pagodes écartées, moins sensible surtout chez les femmes, dépositaires ignorantes et entêtées de la tradition, cet égarement devient évident dans les villes. Il éclate en particulier parmi la jeunesse des écoles et dans la classe cultivée. Où cette disposition d'esprit fleurit le plus abondamment, c'est dans le monde des *Babous*. Des Brahmes qui la composent, beaucoup font d'inconscients ou d'inavoués efforts pour sortir de l'hindouisme. Certains en sont totalement affranchis : les uns errent à la recherche de la vérité ; les autres sont résignés à s'en passer toujours ; tous sentent qu'ils ne l'ont plus. On pourrait répartir ces égarés en trois groupes : les *timides*, les *résolus*, les *dévoyés*. Sans entrer dans l'analyse détaillée de leur caractère, je le voudrais marquer par quelques traits.

GROUPE D'IDOLES DES CHEMINS

*
* *

Les timides ne rêvent pas de refondre le vieil hindouisme ; ils n'osent le rejeter. Ils en rougissent, mais ils en portent le joug, quittes à en prendre à leur aise avec ses prescriptions. Gens d'affaire, médecins, petits ou grands fonctionnaires, avocats surtout, les Brahmes timides ne croient guère plus à Vichnou qu'à Siva ; ils ne portent sur leur front ni raies blanches ni nâhman ; ils goûtent les choses d'Europe, notamment le champagne ; je me suis laissé dire qu'à huis-clos ils mangent de la viande. Je sais tel Brahme de Trichinopoly qui se laisse fort bien approcher et palper par un médecin paria. Du reste, superstitieux à l'excès, ces sceptiques ont une peur affreuse du diable, et, moitié par coutume, moitié par crainte, ils participent aux fêtes communes. Ainsi, faisait Lucien, ainsi faisait Horace, ainsi faisait Pétrone. On était très superstitieux dans l'entourage de Trimalcion.

Ce qui retient surtout les bramatcharis dans le parti des timides, c'est l'empire qu'exerce sur eux leur famille. Un brillant élève de Trichinopoly, devenu maître ès-arts, et délégué, en 1893, à un congrès de *jeunes*, disait, à son retour, à l'un de ses professeurs : « Nous étions là plus de douze cents jeunes gens, tout ce que l'Inde a de plus distingué en fait d'éducation et de culture intellectuelle. Emportés par un même courant d'idées, et forts de notre nombre, nous traitions, comme elles le méritent, toutes les absurdités païennes. Nous nous sentions libres, et nous nous promettions bien de suivre la même ligne de conduite après notre séparation. Eh bien! je suis persuadé que, de ces douze cents jeunes gens, pas un seul n'aura le courage de tenir sa parole, et que tous, une fois rentrés dans leurs familles, auront, comme moi, repris la lourde chaîne dont ils croyaient s'être débarrassés à jamais. »

Un autre racontait ce trait au même Père : « Pendant les vacances dernières, mes parents allaient en pèlerinage à Tiroupatti, célèbre dans l'Inde par le culte qu'on y rend à Vichnou. La pagode est bâtie sur sept petites collines. Pour y pénétrer, chacun paie deux *roupies* aux Brahmes gardiens du sanctuaire. Les cérémonies achevées, on mène les pèlerins devant un grand baquet, où l'on a versé, chaque jour de l'année, les restes de l'huile, du beurre et des autres liquides dont on arrose Vichnou. Il s'en exhale une odeur nauséabonde. Les Brahmes nous vantaient la vertu de ce mélange fétide. Mes parents en goûtent. Mon cœur, à moi, se soulevait de dégoût. Ma conscience protestait. Cependant, pour ne pas contrarier mes parents, je fis comme eux. — Une cascade tombe d'une des sept montagnes. Son eau, nous disait-on, avait une propriété étonnante. Quand quelqu'un se met au-dessus, s'il est honnête et juste, l'eau reste limpide; s'il est pécheur, l'eau devient trouble et bourbeuse. » Après quelques secondes d'hésitation : « Moi aussi, ajoutait l'enfant, moi aussi j'ai fait l'expérience. » — « Et comment donc était l'eau? » — « Un peu bourbeuse, hélas! »

* * *

Le parti des timides est, par le nombre, le plus considérable. Mais il en est un autre plus bruyant, qui, loin de les taire, affiche les efforts qu'il tente pour sortir de l'hindouisme ou pour le modifier. Les membres de ce parti sont des résolus. Ils confessent leur anxiété, ils essaient de fonder, sur les débris du brahmanisme actuel, une religion

KOMBAKOUNAM : LES FIDÈLES DANS L'ÉTANG SACRÉ

plus pure. Ces réformateurs s'appellent néo-hindouistes. Dans leurs rangs se sont trouvés des hommes remarquables par le talent et la droiture, d'autant plus dignes de compassion pour leur impuissance, qu'ils étaient plus dignes de respect pour leur générosité.

Le trait commun des modernes néo-hindouistes[1], c'est qu'ils ne veulent pas rejeter l'hindouisme. Ils travaillent simplement à l'épurer. Conservateurs ou radicaux, car il s'en rencontre des deux sortes, ils ont découvert, dans les Védas mieux étudiés, l'idée d'un Dieu unique; autour de cette idée, ils tentent d'établir un dogme nouveau.

La griserie produite par l'éducation occidentale avait d'abord inspiré à la jeunesse des rêves plus ambitieux. Elle avait songé un instant à secouer totalement le joug de sa vieille foi. Depuis, la faveur accordée à l'étude du sanscrit, la renaissance des sciences védiques, l'éloge hyperbolique de l'hindouisme fait par des savants d'Europe, la préoccupation de se reprendre soi-même, ont amené une réaction dans cette armée en déroute. L'hindou est revenu à ses Védas, un moment dédai-

[1] Voir Pramatha Nath Bose : *Hindu civilisation during British Rule*, t. I, chap. v.

gnés par lui. En face des autres religions il a relevé son drapeau, et le délégué des néo-hindouistes au Congrès des religions de Chicago, en 1893, Swami Vivakananda, affirmait la valeur de l'hindouisme dans un langage assez fier, et qui fit impression.

Deux sectes ont surtout groupé les néo-hindouistes : l'*Arya Samadj* et la *Brahma Samadj*. Le *pandit* Dayananda Sarasvati, né en 1824, était Sivaïte. De fortes études sanscrites le mirent à même d'apprendre les Védas, qu'il sut bientôt par cœur. Son père, fervent païen, ne put jamais obtenir de son fils qu'il se laissât initier aux mystères de Parthiva Lingam. A vingt et un ans, Dayananda, après divers voyages, acquérait la conviction, que, seuls des livres hindous, les Védas sont inspirés. Dès lors, il attaquait l'idolâtrie, et il établissait, d'après les Védas, son système monothéiste. En 1877, il avait fondé à Lahore l'Arya Samadj. Il mourut en 1883.

Des prescriptions sans nombre de l'hindouisme, Dayananda soutenait que seize seulement reposent sur les Védas. Il condamnait hardiment toutes les autres, celles justement qui constituent le fonds du Brahmanisme populaire. Par contre, son admiration pour les Védas allait jusqu'à le rendre ridicule. « Pour lui, a dit Max Müller, toute vérité était renfermée dans les Védas. Il était convaincu que les plus modernes inventions de la science contemporaine étaient, du moins à l'état latent, contenues dans les livres sacrés, toutes, y compris les chemins de fer et les bateaux à vapeur[2]. »

La *Brahma Samadj* a suivi une marche parallèle à celle de l'Arya Samadj. S'inspirant du livre de Pramatha Nath Bose, M. Augustin Filon a naguère raconté avec beaucoup d'esprit l'histoire de cette secte[1].

Fondée en 1828, par Ram Mohum Boy, la *Brahma Samadj* a reproduit dans son histoire les vicissitudes de ses fondateurs. Ram Mohum Boy, fils d'un zémindar du Bengale, avait acquis de précieuses

[1] Je crains que ces illusions ne gisent au fond de bien des têtes indiennes. Il est de la nature du *Babou*, du faux *intellectuel* de tous les pays, d'être aisément absurde. Un jour, au collège de Trichinopoly, j'entendais de jeunes Brahmes, croyant causer sans témoins, s'avouer modestement que toutes les sciences de l'Europe n'étaient qu'un rayon affaibli de l'antique sagesse hindoue. Pour l'indigeste savoir que leur infuse l'Angleterre, ces jeunes gens ne me semblaient nourrir qu'un ingrat dédain.

[2] *Revue des Deux Mondes* (décembre 1899). *L'Inde d'aujourd'hui.*

connaissances en linguistique, et s'était surtout attaché à l'étude des Oupanishads. Une première publication contre l'idolâtrie lui attira l'inimitié de son père. Ram Mohum profita d'un exil pour mieux étudier les questions religieuses. En 1814, après avoir rempli de brillantes fonctions, il se retirait à Calcutta, et commençait son œuvre de réforme sociale et religieuse. En 1830, il fondait la Brahma Samadj de Calcutta. Dans ses réunions hebdomadaires, la secte adorait l'Être immuable, auteur et providence du monde, être aussi imprécis dans la pensée du réformateur, qu'il l'était dans les livres dont il s'inspirait.

En 1830, Ram Mohum partait pour l'Angleterre. Il y obtenait, pour son pays, d'utiles réformes, en particulier l'abolition officielle du suicide des veuves, du *Sati*. Épuisé par le climat d'Europe, Ram Mohum mourut à Bristol en 1833.

Jusqu'en 1842, la Brahma Samadj ne fit que languir. En 1842, Devendra Nath Tagore lui infusait une vie nouvelle, mais en la détachant de l'hindouisme. C'était l'époque où la jeune Inde se posait en contemptrice des Védas. Une assemblée générale de la Brahma Samadj déclarait alors que les quatre Védas eux-mêmes n'étaient pas inspirés.

Kechab Chandra Sen devait, à partir de 1857, communiquer à la secte son audace et sa foi. Ame ardente et ambitieuse, Kechab s'éprit bientôt du rôle de prophète. Il se sépara de Devendra en 1866, et, à la place de la Brahma Samadj *de Calcutta*, il fonda la Brahma Samadj *de l'Inde*. On le voulait mettre à sa tête. « La Brahma Samadj n'a point de chef humain, répondit Kechab ; Dieu seul est son chef. » Il se contenta du titre modeste de secrétaire. « Tout l'univers est le temple de Dieu, disait la charte de la Samadj. La sagesse, voilà le terrain vrai des pèlerinages. La vérité est l'éternel livre. La foi est la source de toute religion. La charité est le seul culte. La destruction de l'égoïsme est le véritable ascétisme. » C'était tout simplement du déisme ; sans remonter aux Oupanishads, Kechab en aurait appris tout autant du vicaire savoyard.

Kechab, et la Brahma Samadj avec lui, s'éprirent de Jésus-Christ. Jésus n'était-il pas asiatique? « En lui, disait Kechab, nous ne voyons pas seulement l'humanité idéale, mais encore cette grandeur dont seule une nature asiatique est capable. » L'Inde devait donc revendiquer

Jésus comme son bien. Kechab répandit ses missionnaires dans les provinces de l'Ouest. Lui-même soulevait les foules, qui se jetaient à ses pieds, l'appelant seigneur, maître, sauveur, frère cadet de Jésus. Kechab dut faire déclarer par les journaux qu'il n'était pas dieu.

En 1870, Kechab partait pour l'Angleterre. Même sans le secours de Barnum, il réunissait autour de lui de fervents auditoires. Après avoir parlé devant quatre-vingt-dix mille fidèles, dans soixante-dix meetings, Kechab revint dans l'Inde, où une épreuve l'attendait.

Il voulut, en 1878, marier sa fille au fils d'un maharadjah. Celui-ci était idolâtre, et exigeait que le mariage fût célébré selon le vieux rituel hindou. La Brahma Samadj s'émut. Le « frère cadet de Jésus » faiblit. Il eut un prince pour gendre, mais sa divinité sombra. Pour excuser sa conduite, Kechab en vint à justifier l'idolâtrie. Kechab eut pour successeur Protap Tchandra Mazumbar. Ni prophète, ni réformateur, celui-ci, luttant seulement pour conquérir le droit de s'asseoir dans la chaire du maître, simple témoin de la décadence d'une secte dont les prétentions avaient été si folles.

Nous ne parlons pas des sectes nombreuses établies particulièrement dans le Bengale, de 1758 à 1892. En principe, elles attaquent toutes l'idolâtrie ; en pratique, elles remplacent seulement le culte des idoles par le culte de leurs gourous. Du Bouddah ancien, l'Inde avait fait un dieu nouveau, ajouté à sa riche collection. Elle agit de même avec les fondateurs récents de cultes. Elle les adore bruyamment, et rien n'est plus humiliant que ces efforts pour s'élever, suivis si tôt de chute, et que ces charlatans, devenus les idoles d'un peuple impuissant à trouver mieux.

*
* *

Dans le monde des égarés, les néo-hindouistes sont à la fois les plus hardis et les plus sincères. Que dire des théosophistes et du parti qu'ils ont formé ?

Le théosophisme a pris naissance, en 1873, dans un pays qui s'entend en excentricités, à New-York. Son dessein, dirait-on, est

TRICHINOPOLY : L'ÉTANG SACRÉ

d'attaquer l'idée chrétienne, de profiter de l'égarement même de la conscience hindoue, pour la pervertir irrémédiablement.

Les fondateurs du théosophisme furent le colonel Olcott et Mme Blavatsky. Après avoir fait quelques adeptes dans leur pays d'origine, ces deux personnages se sentirent appelés dans l'Inde. Mme Blavatsky disait l'avoir été miraculeusement. Elle racontait qu'un des mahatmas ou théosophes qui vivent dans les montagnes de l'Himalaya, perdus dans une continuelle contemplation, lui avait apparu en Amérique, pour lui révéler sa mission.

Elle et son compagnon se proposaient trois fins : Prouver que, toutes les religions se valant, c'était folie que d'en changer, et, sur cette vérité, établir la fraternité universelle des hommes ; — promouvoir l'étude des littératures et des religions de l'Orient ; — étudier les sciences occultes et les pouvoirs psychiques de l'homme. Chacun des membres de cette société se disait favorisé de visions, et s'adonnait au mesmérisme.

L'Inde du Sud, plus conservatrice que celle du Nord, avait entendu avec peine les prêcheurs du néo-hindouisme attaquer ses usages et son culte. Elle était disposée à bien accueillir ces illuminés qui exaltaient toutes les religions, et permettaient ainsi à chacun de se tailler un credo à sa guise. De 1880 à 1888, le théosophisme fit fureur. De Madras, son quartier général, il rayonnait au loin. Beaucoup d'Indiens, qui admettaient déjà la divinité du christianisme, apprirent à le mépriser dans les meetings théosophistes. Beaucoup de nos jeunes brahmes de Trichinopoly, parvenus sur le seuil du catholicisme, en furent arrachés par le courant théosophiste. Un moment, la mode fut de se dire *Fellow of the Theosophical Society*.

La comédie allait heureusement avoir un dénouement inattendu. Mme Blavatsky abandonnait l'Inde en 1884, et se rendait en France Le colonel Olcott la suivit de près. Quelque temps après leur départ, *le Christian College Magazine*, feuille protestante de Madras, publiait des lettres de Mme Blavatsky, adressées à une sienne amie, Mme Coulomb. Cette dernière, s'étant prise de querelle avec les chefs théosophistes, publia d'autres lettres de son amie. Le colonel Olcott y était nettement traité d'idiot et de dupe. Le public, introduit dans les coulisses du théosophisme, apprenait qu'il avait été mystifié. Les théosophes étaient au paroxysme de la rage. Ils appelaient la vengeance du ciel sur les calomniateurs. La presse de l'Europe, souvent naïve, leur faisait écho.

L'absente allait, du reste, revenir. On l'attendait à Madras. Elle confondrait les imposteurs. Dans les meetings enthousiastes, des théosophes, américains ou européens pour la plupart, déclaraient aux Indiens que le christianisme était absurde, et que Mme Blavatsky était la grande bienfaitrice du XIXe siècle. Mais l'enthousiasme dut prendre fin; la grande calomniée ne revint pas. Elle écrivit même, pour assurer qu'elle renonçait à toute poursuite, qu'elle rentrait au pays d'où la voix du Mahatma l'avait tirée. Mme Coulomb, elle, continua à raconter que la fondatrice du théosophisme s'était moquée de son public.

La Société de Théosophie de Madras subsiste. Par ses *tracts* et par ses meetings, elle continue de diffamer le catholicisme et d'en éloigner les Indiens. Le colonel Olcott promène toujours son occultisme dans l'Inde. Mais la principale apôtre du théosophisme est actuellement une américaine, femme divorcée d'un ministre anglican, Mrs Annie Besant.

Mrs Annie Besant a donné des *lectures* dans les grandes villes de l'Inde, en commençant par Tuticorin, Madura et Trichinopoly. Partout elle a soulevé l'enthousiasme. Les jeunes gens sont charmés par son beau langage, par ses manières, par ses doctrines. Ils la regardent comme une incarnation de la déesse Saraswati. Elle-même se donne comme l'apôtre du brahmanisme hindou, et proclame bien haut sa foi dans la transmigration des âmes, le panthéisme, les Védas. Elle cite pêle-mêle saint Paul et le Baghavad gita, et, comme elle prononce le sanscrit à la perfection, chaque citation est saluée de bravos frénétiques. Sa mission, dit-elle, est de substituer au matérialisme européen le pur spiritualisme asiatique, et d'unir les hommes en une fraternelle égalité. D'ailleurs toutes les religions lui semblent bonnes, sauf le christianisme. Aussi prévient-elle toujours ses auditeurs de se tenir en garde contre les supercheries des missionnaires. Mais toujours l'auditoire n'est point la dupe d'Annie Besant. En 1898, au cours d'une conférence à Lahore, elle s'avisa de dire qu'elle avait pleinement conscience, dans une de ses existences antérieures, d'avoir été un brahme d'Allahabad. — « Vous pouvez l'en croire, interrompit un assistant, car j'ai conscience, dans mon existence antérieure, d'avoir été sa femme. » Le lendemain, Annie Besant devait quitter Lahore.

Le théosophisme propage un spiritisme effréné. Une agence, établie à Calcutta, avait imaginé, en 1894, de fabriquer de petites planchettes en forme de cœur, armées d'un crayon. Il suffisait que deux personnes missent la main sur la planchette, en invoquant l'esprit, pour que l'appareil répondit aux questions posées. La jeunesse de Trichinopoly avait formé un *Aryan Boy's association*, encore moins préoccupée de soutenir l'hindouisme que d'interroger la planchette.

TRICHINOPOLY : PAROISSE DU SAINT-RÉDEMPTEUR

Telle est l'œuvre de perdition à laquelle se livre Mrs Annie Besant. Si le démon inspire des apostolats, il a sûrement inspiré le sien, car aucun ne le sert mieux, dans l'Inde méridionale.

Et voilà les débris de l'humaine sagesse !

Dégoût et angoisses des timides, efforts toujours déçus de novateurs impuissants, excentricités funestes de charlatans pervers : telle est l'histoire actuelle de plusieurs millions d'âmes dans l'Inde. Que le brahmanisme soit en faillite, on n'en saurait douter. Le malheur est que le libre examen protestant préside à cette faillite et la dirige. Le libre examen est impuissant à terminer cette crise religieuse. Il ne peut que l'aggraver. Il ne peut que perpétuer l'anarchie doctrinale, et qu'amener finalement les esprits, soit à retourner, par lassitude, à l'hindouisme grossier des foules, soit à tomber, en fait de religion, dans un incurable nihilisme.

III. — Les convertis

De saint François-Xavier à nos jours. — Les préludes. — Mahadhevan et Doreisamy. — Les confesseurs de la foi. — Doreyappen. — Émoi et fureurs. — Mariage d'une veuve brahmine. — Luttes et victoires. — Les premières victimes. — Persécutions. — Le jardin de Sainte-Marie. — Le refuge des brahmines.

Saint François-Xavier a sévèrement jugé les Brahmes ; et ceux qui disent impossible la conversion de cette caste au catholicisme, ne manquent jamais de s'autoriser du jugement du saint. Xavier écrivait de Cochin, le 15 janvier 1544[1] : « Il existe, dans ces contrées, une race d'hommes que l'on appelle brahmes. Rien de plus pervers, rien de plus vicieux. Je leur applique ordinairement cette parole de David : *Seigneur, délivrez-moi de cette race impie, de ce peuple méchant et perfide*[2]. Toute cette classe de personnes est livrée au mensonge et à l'imposture. Ils n'ont en vue que d'abuser, le plus subtilement possible, de la simplicité et de l'ignorance de la nation... Ces brahmes ont

[1] *Lettres de saint François-Xavier*, traduites par Léon Pagès, t. I, p. 25 et suiv.
[2] Ps. XLII, 1.

PAGODE DE RAMESOURAM : VESTIBULE (Cl. Skeen)

seulement une teinte d'instruction, mais ils suppléent à l'imperfection de leur science par leur astuce et leur malice. Les brahmes de cette côte sont irrités de me voir découvrir leurs fraudes. Lorsqu'il leur arrive de converser sans témoins avec moi, ils avouent qu'ils n'ont, en fait de patrimoine, que les idoles de leurs dieux. Ils m'envoient souvent saluer, et me font offrir des présents, et ils paraissent vivement contrariés que je renvoie leurs dons. Mais ils n'agissent ainsi que pour me séduire et me rendre complice de leurs crimes. Et moi, pour témoigner ma reconnaissance à ces brahmes, je révèle à tout le monde la vérité sur eux... Sans l'opposition des brahmes, déjà toute la nation aurait embrassé la religion de Jésus-Christ. »

Dans la même lettre, saint François-Xavier raconte cette scène que l'on croirait contemporaine : « Lorsque je parcours les villages, j'entre souvent dans les pagodes. Il m'est arrivé dernièrement, dans la pagode où j'avais pénétré, et qui était habitée par deux cents brahmes, de les voir se réunir autour de moi. Je leur demandai ce que leurs dieux leur prescrivaient d'accomplir afin d'obtenir la vie bienheureuse. Après une grave contestation, on déféra la parole à celui qui, par son âge et son expérience, paraissait supérieur aux autres. Ce vieillard déjà octogénaire me demanda lui-même ce que Dieu commandait aux chrétiens. Pénétrant sa malice, je refusai de répondre avant qu'il ne m'eût, le premier, satisfait. Il dut confesser son ignorance. Il répondit que les dieux imposaient à leurs fidèles deux devoirs : l'un, de s'abstenir de tuer des vaches ; l'autre, de faire des présents aux brahmes... Ému par cette réponse, je demandais que l'on m'entendît à mon tour. Je récitai à haute voix le symbole des Apôtres et les articles du Décalogue. Je leur fis connaître ce qu'étaient le paradis et l'enfer. Ils se levèrent pour m'approuver; mais, quand je les réduisis à la conséquence extrême, qui était d'embrasser une religion dont ils confessaient la vérité, ils répondirent en s'excusant sur ce que dirait le monde, et sur ce qu'ils manqueraient des choses nécessaires à leur existence. »

En dépit de ses miracles et de sa sainteté, François-Xavier, durant son apostolat, n'avait converti qu'un brahme sur la côte de Travancore. Il n'avait point pénétré, il est vrai, dans le royaume des Nayakers. En 1606, le P. Robert de Nobili jetait, dans la capitale de ce royaume, les premières assises de la mission du Maduré. Pour entamer ces populations hostiles aux Européens, Nobili s'astreignait à mener, dans son intégrité, la vie austère des brahmes sanyassis. Après lui, ses compagnons acceptaient cette règle. Ils n'en furent pas récompensés par de nombreuses conversions de brahmes. Nobili, en effet, n'en a peut-être point baptisé vingt. Ses autres néophytes, — à sa mort il en comptait cent mille, — étaient Nayakers, Maravers ou même parias et pallers. Seulement les brahmes que Nobili avait gagnés, et qui lui servaient de catéchistes et de disciples, l'aidèrent puissamment à fonder ses chrétientés.

Les successeurs du P. de Nobili ne furent pas plus heureux que lui. Le P. Tachard, supérieur des missions de l'Inde, écrivait, le 4 février 1703 : « Le P. de la Fontaine a eu un bonheur extraordinaire. Il compte neuf brahmes parmi ses néophytes; c'est-à-dire qu'il a lui seul, en huit mois, baptisé plus de brahmes adultes que presque tous les missionnaires du Maduré n'en ont baptisé en dix ans[1]. » Si cette phrase témoigne du bonheur du P. de la Fontaine, elle prouve aussi que l'œuvre de la conversion des brahmes n'était guère avancée au XVIIIe siècle.

Les descendants des convertis du P. de la Fontaine vivent actuellement à Kilachery, près de Madras, et à Pondichéry. Perdus au milieu de Soudras, ces brahmes abandonnés se sont toujours mariés entre eux, ce qui a épuisé leur race, ou bien ils se sont alliés à des Soudras, ce qui les a fait déchoir. Seules, trois ou quatre familles sont restées fidèles à la caste.

Ce que la Providence n'avait laissé accomplir ni à saint François-Xavier, ni au P. de Nobili, en ces dix dernières années, elle l'a accordé à la mission du Maduré. Grâce, en effet, à l'influence obtenue par le collège Saint-Joseph, au tact et au dévouement de plusieurs Pères chargés des brahmes, notamment des PP. Billard et Lacombe, grâce surtout à une effusion plus pénétrante de l'Esprit de Dieu, trente brahmes ont été convertis, à Trichinopoly, depuis 1894. L'histoire de leur conversion est trop touchante pour n'être point rapportée.

[1] *Lettres édifiantes*, t. X, p. 288.

* * *

En 1891, deux jeunes brahmes avaient été baptisés, l'un à Panjampatty, l'autre à Madura. Le premier s'appelait Hari Hara Ayer, le second Appusamy. La femme d'Appusamy s'étant convertie avec son mari, le ménage s'établit à Ramnad. Appusamy devint même *headmaster* « premier maître » de l'école catholique. Malheureusement, l'éloignement de toute société brahmanique fut, pour le néophyte, une épreuve intolérable. Les séductions du rajah de Ramnad s'y ajoutant, Appusamy apostasia. Il se rendit à la pagode de Ramesouram. Grâce à un *Prayéchittam* (purification) dispendieux, il fut réintégré dans sa caste. Il est mort il y a deux ans, en proie, disent les témoins de son agonie, à de vifs remords. Sa femme est restée païenne. Quant à Thomas Joseph (Hari-Hara), après de violentes persécutions, il fut marié à une brahmine chrétienne de Kilachery. Thomas Joseph est actuellement à Trichinopoly, catéchiste de la paroisse du Saint-Rédempteur.

Depuis plusieurs années, parmi les élèves du collège, un mouvement se dessinait, dont on ne saisit point d'abord l'importance. Un jeune brahme, plutôt que de rester dans l'erreur et de perdre son âme, avait consenti à s'exiler et à perdre sa caste. Il était parti pour Ceylan, et, après son baptême, y avait épousé une jeune fille Soudra. D'autres enfants manifestaient des désirs de conversion. Mais ces désirs étaient-ils sincères? Et qu'attendre de sincère d'un brahme !

Trois jeunes gens attiraient l'attention. L'un d'eux, Mahadhevan, l'avait même trop attirée. En 1890, pendant une révolte des élèves païens, Mahadhevan avait été le *laeder* de la révolte. Brahme enragé, il semblait tellement redoutable, que les missionnaires évitaient de causer avec lui. La révolte apaisée, voilà pourtant que Mahadhevan aborde un Père et l'interroge sérieusement sur la religion. Accueilli avec défiance, il revient à la charge, proteste qu'il veut résoudre des doutes et sauver son âme. « Après deux mois d'épreuve, racontait ensuite le P. Billard, après deux mois d'épreuve, je me rendis, me reprochant d'avoir trop douté de la miséricorde de Dieu. » Mahadhevan fut instruit; un jour, son maître le conduisit à la chapelle. Il lui avait expliqué la présence réelle. Tous deux s'agenouillèrent, très émus. « Père, dit le brahme en se relevant, quel rude combat j'ai livré en m'agenouillant ! Je croyais, et, cependant, je ne sais quoi me retenait violemment, et m'empêchait de tomber aux pieds de Notre-Seigneur. »

Mahadhevan avait brillamment subi ses examens. Son père lui promettait une place très rétribuée, loin de Trichinopoly. Il la refusa, et en accepta une très modeste, mais dans la ville, et à portée du collège. Mahadhevan était converti. Il lui fut aisé de gagner sa femme, car Sarathambal, comme beaucoup de brahmines, avait grandi sous le regard de ses parents, sévèrement surveillée par eux, et défendue par les coutumes de sa caste. Un jour, après sa conversion, Mahadhevan lui demanda, si, chez son père, on lui avait jamais dit quelque chose de son salut. « Mais rien, répondit la brahmine, absolument rien ; et, de toutes les femmes de ma connaissance, je suis bien sûre que pas une seule n'a jamais pensé qu'elle eût une âme à sauver. Personne ne nous a jamais parlé de cela. »

La conduite de Mahadhevan alarmait ses parents. On essaya d'abord de s'assurer de sa femme. Ce fut en vain ; celle-ci résista à tous les assauts de sa famille. Loin de faiblir, elle convertit même un de ses frères et une sœur de Mahadhevan. Aux bureaux du collecteur, où travaillait Mahadhevan, les discussions théologiques devenaient quotidiennes. Le *Sherestadar* (premier employé) réunissait des amis pour entendre et combattre Mahadhevan. Celui-ci s'affirmait et se fortifiait de plus en plus, en se compromettant. On comptait enfin le baptiser le 25 décembre 1894, en même temps que son beau-frère Balatchandra Ayer, et un troisième brahme, Doréisamy, qui s'était ajouté aux deux premiers.

Doréisamy, dans un club théosophiste, avait plusieurs fois fait taire les planchettes tournantes. Une d'elles avait un jour répondu qu'elle n'écrirait rien en présence de son contradicteur. On épiait le catéchumène. Pour l'émouvoir, ses parents multipliaient les scènes les plus pénibles. On attendait le jour anniversaire de son *oupanayana* pour découvrir la vérité.

Un soir, le 19 août, la famille était réunie dans la salle du milieu. Sur la table, couverte de mousseline, se dressaient les idoles domestiques, des offrandes à leurs pieds. Dans la salle se tenaient, à gauche les femmes, à droite les hommes, tous assis sur leurs talons. C'était au père à désigner celui qui offrirait le sacrifice. Il appelle Doréisamy.

Doréisamy tremble, puis, se levant, il déclare énergiquement qu'il ne peut sacrifier à Vichnou, qu'il est chrétien, et que rien ne l'empêchera d'adorer le vrai Dieu. A ces mots, le père furieux maudit son fils; montrant les hommes de la famille, oncles et frères, il affirme à Doréisamy que ceux-ci le maudissent aussi. « Et ta mère, et ta femme te maudissent encore », ajoute-t-il. La femme était une enfant. Elle se dresse; d'un bond, elle est dans les bras de son mari. « Non, je ne le maudis pas, crie-t-elle. Il est fidèle à Dieu. Je lui serai fidèle! »

On veut les séparer. En les saisissant, on les blesse; le sang coule de l'oreille de Doréisamy, dont on a pris la boucle. « Allons-nous-en, lui dit sa femme; puisque nous n'avons de protecteurs, après Dieu, que les Pères du collège, allons à eux. » La mère était sortie de la maison, criant qu'elle allait se noyer, que son fils était perdu. Elle excitait la foule, expliquant à tous les païens la résolution de Mahadhevan et de Doréisamy.

Les prêtres de la pagode, les maîtres de la *National school* attisent le feu, et, un soir, une bande de trois à quatre cents personnes assaillent la maison des catéchumènes. Doréisamy, le premier attaqué, est momentanément délivré par quelques amis.

On s'en prend alors à Mahadhevan. On le saisit, on l'insulte, on le frappe. On l'entraîne devant l'ignoble Pulléar. On lui couvre le front de cendres sacrées, et on lui ordonne d'adorer l'idole. Mahadhevan, très heureux, offrait ses souffrances à Notre-Seigneur. Il refuse simplement, mais énergiquement. La rage de la foule augmente. « A ce moment, je crus ma dernière heure arrivée, racontait plus tard Mahadhevan. Je fis à Notre-Seigneur le sacrifice de ma vie. Je lui recommandais seulement ma femme et mon enfant. »

Quelques amis parvinrent à dégager Mahadhevan. A minuit, la foule se dissipa, pour revenir plus nombreuse et plus menaçante le lendemain matin. La police aurait laissé faire, car ses chefs sont brahmes. Mais le collecteur anglais, prévenu, fit protéger les chrétiens et rétablir l'ordre. Cependant, Doréisamy et sa femme avaient été enlevés. Dans la bagarre, une bayadère avait donné ce conseil : « Séparez-les ». Aussitôt on avait emmené Doréisamy dans un village d'où il s'échappa le lendemain. Sa femme ne devait plus revenir.

Trois semaines s'écoulèrent, pendant lesquelles, chaque jour, une nouvelle ruse était imaginée pour séparer les catéchumènes ou pour les intimider. Aucune ne réussit.

Le 1er septembre, à cinq heures du matin, Balatchandra Ayer, devenu Marie-Stanislas, était baptisé dans une chambre du collège. Le soir, à neuf heures, Doréisamy Ayer (Pierre-Joseph) était baptisé dans une chapelle privée de la maison.

Le 3 septembre, Mahadhevan Ayer (Vincent), sa femme Maria-Anna et sa fille Cécilia étaient baptisés dans la chapelle des religieuses.

Bien que catholiques, nos brahmes tenaient à garder les usages de leur caste, afin de bien montrer à tous que le baptême n'entraîne pas de déchéance sociale. Pour les obliger, au contraire, à se faire servir par des gens de basse caste, les païens enlevèrent les femmes des deux brahmes mariés. Sans s'émouvoir, ceux-ci préparèrent leur cuisine eux-mêmes. Le plus jeune appartenait à une famille distinguée. Il montrait en riant ses mains brûlées de marmiton maladroit. Cette légère humiliation lui coûtait peu.

La grande épreuve pour Mahadhevan consistait à être privé de sa femme et de sa fille. Toutes deux avaient été transportées à Tanjore. Le père et le frère de Maria-Anna gardaient à vue leur prisonnière. Celle-ci, terrorisée surtout par son frère, ne savait comment lui échapper. Un jour, on lui déclare qu'on va l'emmener à la pagode de Ramesouram pour la purifier de son baptême. Elle fait avertir son mari. Mahadhevan, avec quelques chrétiens, se trouve à la gare de Trichinopoly. Dès que le train de Tanjore s'arrête, il se présente, parle avec autorité aux brahmes qui entourent la captive, et parvient à la délivrer, elle et sa fille. En vain l'inspecteur de la police, qui était brahme, veut-il favoriser les païens. Les missionnaires menacent de s'adresser au collecteur, et, devant leur attitude, les païens abandonnent leur proie.

Il fallait évidemment mettre en sûreté les nouveaux chrétiens, et leur assurer, à Trichinopoly, un *Agraharam*, ou quartier de brahmes

UNE SALLE DE LA PAGODE DE RAMESOURAM (Cl. Skeen)

TRICHINOPOLY : LA CATHÉDRALE

catholiques. Les ressources faisaient défaut. Dieu les envoya. Un terrain, un *toppou*, fut acquis. On l'appela *S. Mary's Toppou*, et l'on attendit en paix les prochaines luttes et les nouvelles victoires.

Déjà, de toutes parts, arrivaient à Trichinopoly des lettres émues, exprimant la joie que ces premières conversions causaient aux missionnaires des diocèses voisins. « Enfin, écrivait un missionnaire de Bangalore, voilà les fruits si longtemps attendus de votre collège de Trichinopoly ! Que Dieu en soit mille fois béni ! à cause surtout des espérances que ces quelques conversions font surgir dans l'esprit de quiconque a étudié et connaît le problème si compliqué de la conversion de l'Inde. La conversion des hautes castes ! C'est de là, à mon humble avis, que doit sortir la régénération de l'Inde. L'éducation des hautes castes ébranlera ce vieux corps momifié, et, dès que la tête aura été prise, le reste du corps suivra. »

Les journaux commentaient les conversions de Trichinopoly. La plupart ne cachaient pas leur mauvaise humeur. Seul le *Madras Standard* racontait équitablement les persécutions endurées par les néophytes. Il ajoutait : « L'histoire de cette conversion est utile, en ce sens qu'elle montre ce qu'un homme, qui a de profondes et de solides convictions, est capable de supporter, et ce qu'une femme modèle peut faire pour aider et encourager son mari... Qu'une dame brahmine, élevée par d'orthodoxes Hindous, ait eut le désir d'embrasser la religion de son mari et ait déployé tant d'héroïsme pour rester avec lui, c'est un fait exceptionnel, dont il est juste de garder le souvenir. Que Dieu bénisse l'heureux couple ! »

Le 19 mai 1895, un sixième brahme, Doreyappen, était baptisé solennellement en pleine cathédrale de Trichinopoly. Doreyappen, étudiant en matriculation, avait quinze ans et demi. Brillant élève, il était depuis longtemps travaillé par la grâce et consultait avec inquiétude et les Pères du collège et les *Sastris* (prêtres brahmes) de la pagode. Un jour qu'il causait avec le P. Billard, celui-ci aperçoit dans la cour du collège un sastri vénérable, dévotieusement couvert de bouse de vache : « Tiens ! dit le Père à Doreyappen, va consulter ce Sastri ; s'il te répond contrairement à celui de la pagode, ce sera un mauvais point pour ta religion. » Le Sastri, interrogé, contredit son collègue. Poussé par l'enfant, il finit par avouer que la religion catholique était la meilleure, et qu'il l'adopterait lui-même, si les Pères lui offraient dix mille roupies.

Cette scène fit impression sur Doreyappen. Il étudia encore. Bientôt sa conviction fut faite. Pendant les vacances, sa mère l'ayant laissé seul en ville, il en profita pour habiter dans l'enclos des convertis. Intriguée par cet incident, la famille de Doreyappen s'assemble. On le traduit devant un conseil d'une douzaine de Sastris. Il essaie d'abord d'éluder la discussion, mais bientôt il s'anime, rétorque les sophismes de ses adversaires, s'oublie à dire : « notre religion..... votre religion. » C'était fini. On l'avait pénétré, et les persécutions allaient commencer pour lui.

La mère de Doreyappen, fausse et intéressée, tantôt permettait à son fils de se faire chrétien, tantôt s'unissait aux brahmes de la pagode pour le pousser à l'apostasie. Cependant, Doreyappen était devenu Louis-Marie-Joseph. Il se croyait déjà sauvé, quand, un matin, il est enlevé, maltraité et entraîné de force au village d'Ariour. Son oncle promet d'avoir raison de lui. La nuit, il le prend à ses côtés, sur sa

INTÉRIEUR DE LA CATHÉDRALE

natte. Mais Louis s'éveille, saute dans la rue, et, après deux heures d'une course folle, il parvient à Trichinopoly, où il se réduit à vivre au collège, en prisonnier. Les brahmes lui intentent un procès. Doreyappen sait bien, que, s'il se hasarde dans la foule, ses ennemis le prendront. Il s'enfuit à Pondichéry.

Mgr Gandy l'accueille comme un fils. « Veuillez croire, écrivait Sa Grandeur, que nous veillerons sur votre chère conquête, comme sur la prunelle de nos yeux. Nous prendrons tous les moyens nécessaires pour qu'on n'ait rien à lui reprocher par rapport aux usages de sa caste. » L'archevêque de Pondichéry fut, en effet, d'une bonté maternelle pour son fils adoptif. Il le garda jusqu'à ce que, la mère du converti s'étant désistée devant la cour, Louis pût rentrer dans son cher collège. Pendant cet épisode, le *toppou* des brahmes convertis avait reçu de Vizagapatam quelques recrues, qui, là-bas, devaient cacher leur foi, et qui voulaient enfin l'avouer. Plusieurs autres brahmes se sentaient troublés.

Le directeur de l'école hindoue de Thrichinopoly faisait insérer cette note dans l'*Educationnal Review*, de Madras : « M. K. Vasoudeva

Ayengar adresse un appel aux parents, protecteurs et gardiens de la prospérité religieuse de la nation indienne. Il les exhorte à la résistance en ces termes : Au nom de tout ce qu'il y a de noble et de glorieux dans les annales de la théologie hindoue, en l'honneur de tous les saints qui ont laissé des preuves de la sublimité de la vie religieuse des Indiens, j'en appelle à tous, vous conjurant de nous venir en aide à moi et à mes collègues, dans l'effort suprême que nous faisons pour relever l'édifice détruit de l'église hindoue. »

Malgré les violences de la presse, l'opinion publique devenait favorable aux courageux néophytes. Malheureusement les émissaires théosophes d'Annie Besant multipliaient, autour des âmes, les occasions de chute. Bien que surchargés de besogne, quelques Pères du collège répondaient aux théosophes par des *tracts* populaires, qui avaient grand succès. L'acharnement de leurs ennemis leur prouvait, du moins, l'excellence de leur œuvre. « Cette année 1895, faisait très justement remarquer le P. Lacombe, le seul district du Sud de notre mission enregistre 1.200 baptêmes d'adultes, et 3.500 baptêmes *in extremis* d'enfants païens. Pourquoi ces 1.200 baptêmes ne sont-ils connus que dans leur village, quand celui de nos six brahmes retentit dans l'Inde entière? C'est donc qu'il y a, dans cette œuvre des brahmes, une importance exceptionnelle. »

Au mois de mai 1896, les brahmes convertis de Trichinopoly recevaient la visite d'un frère illustre, d'Oupadhyaya Brahmabandhav, brahme bengalais de la famille de l'écrivain Banerji, converti en 1890 par les PP. Jésuites de Bombay. Non content de fonder un journal de controverses religieuses, *Sophia*, Upadhyaya s'était fait l'apôtre de sa caste. Vêtu de jaune comme un Saniassi, il parcourait l'Inde, prêchant le catholicisme. A Trichinopoly, il prononça deux discours : l'un au collège, l'autre dans la salle des *lectures*, à la mairie. Il parla chaque fois plus d'une heure, devant un auditoire immense et très attentif. Le sujet de la grande conférence était « le fini et l'infini ». Sur ce thème, Oupadhyaya fit un discours chaleureux, réfutant fort bien les erreurs hindoues, et indiquant les vrais rapports qui unissent l'homme au Créateur.

Cette *lecture* émut fortement les païens. Oupadhyaya fut invité par deux clubs païens. On ne se lassait point d'entendre sa parole vibrante. Déjà le jeune apôtre a converti huit brahmes à Hyderabad[1]. Son apostolat sera certainement fécond, si lui-même sait rester humble[2].

Peu de temps après le passage d'Oupadhyaya, un brahme, Krichna Row, partait pour Pondichéry et s'y faisait baptiser. Rejoint par sa famille, il fut contraint de revenir avec elle, et, depuis ce funeste retour, il vit en païen, bien que témoignant par lettre le désir de se convertir[3].

En juillet 1896, un frère de Balatchandram, Rajasakharan, était baptisé sous le nom de Marie-Stéphen. Traqué par ses parents et par ses amis, il avait résisté aux plus dures épreuves morales.

Un mois plus tard, une jeune brahmine, âgée de dix-huit ans, était baptisée, puis épousait un des convertis. Le mariage d'une veuve était un coup d'audace qu'on s'attendait à payer cher. On sait qu'en principe aucune veuve, dans l'Inde, ne doit se remarier. Les femmes de basse caste violent encore assez aisément cette loi, mais jamais les brahmines. Or, toute brahmine est mariée, au plus tard à treize ans, quelquefois à deux. Notre convertie l'avait été à trois. La brahmine ne va vivre chez son mari qu'après avoir atteint l'âge nubile; mais si ce mari, — qui peut être un vieillard, — meurt auparavant, veuve à quatre ou cinq ans, la brahmine le restera toujours.

Pendant quelques années, on la laissera grandir sans lui apprendre son malheur. Mais le moment des révélations viendra. Quand elle aura quatorze ou quinze ans, un soir, on amènera l'enfant au milieu de la famille réunie. Une veuve plus âgée lui coupera ses jolis cheveux; puis le barbier la tondra. On lui enlèvera ses colliers d'or et ses bijoux, et

[1] Plus exactement, deux brahmes. Les autres étaient des Kshatriyas (Rajpoutes ou Siks).

[2] Mais Oupadhyaya n'a pas su rester humble. Il a, du moins, tellement voulu faire à sa tête, que le délégué apostolique, Mgr Zaleski, a dû désavouer les tendances de la *Sophia* et en interdire la lecture aux catholiques (septembre 1900). Nous n'effaçons pourtant pas ce que nous disions d'Oupadhyaya, car son apostolat reste acquis à l'histoire, et que ses errements sont un trait de caractère dont il faut profiter.

[3] Il y a quelques semaines Krichna Row venait demander pardon aux Pères de Trichinopoly.

son *silé* de couleur. Vêtue d'une toile blanche ramenée sur son front découronné, la pauvre petite veuve sera désormais le rebut de la famille. Elle ne prendra qu'un repas par jour, fuira les fêtes et les cérémonies. Sa vue porte malheur. Pauvre oiseau effaré, elle s'enfoncera dans l'ombre pour ne choquer personne. Dans l'ombre, et dans la corruption aussi, car sans appui, sans soutien, sans affection, comment résisterait-elle au mal qui la guette[1]?

Quand la petite veuve de Trichinopoly fut remariée, bien des clameurs s'élevèrent contre ses libérateurs. Plusieurs brahmes jurèrent de se venger; mais plusieurs aussi vinrent féliciter les missionnaires, et un d'eux écrivit dans le *Madras Mail :* « Lord William Bentinck, en abolissant le *sati*, a cru faire une œuvre humanitaire. Quand on sait les souffrances qui attendent la veuve après la mort de son mari, on se demande s'il n'aurait pas été plus humain de la laisser mourir comme autrefois. La mort est en effet préférable à la plus honteuse des servitudes, celle qui attend la veuve de quatre à cinq ans, et qu'elle est obligée de supporter jusqu'à la mort. Aussi ne pouvons-nous refuser notre admiration aux missionnaires catholiques de Trichinopoly, qui s'efforcent de faire disparaître ces absurbes préjugés. Ils viennent de remarier une jeune brahmine, qui, à treize ans, souffrait déjà depuis dix ans l'abjection réservée aux femmes de sa condition. Honneur à ceux qui consacrent leur vie à débarrasser de cette barbarie notre société civilisée de l'Inde! »

En décembre 1896, un brahme Noël Samy converti par le missionnaire de Tiruvadi (des Missions Étrangères) était baptisé à Pondichéry. En 1897, le jour de Pâques, nouveau baptême, et, quelques jours après, baptême d'un jeune bachelier de Poudoukottah, Vaidyanaden Ayer. Vaidyanaden avait dix-huit ans, et son père, *State Vakil* du rajah de Poudoukottah, était un personnage. Dès que sa parenté apprit sa conversion, elle accourut à Trichinopoly, et répéta les scènes auxquelles on commençait à s'accoutumer.

[1] D'après le recensement de 1881, l'Inde compterait vingt et un millions de veuves sur cent quatre-vingt millions d'habitants. Dans la présidence de Madras, il y aurait une veuve sur trois brahmines.

Toutes ces conversions entraînaient pour les convertis la ruine absolue, le premier soin de leur famille étant toujours de les déshériter. Peu à peu, sans doute, les parents des premiers baptisés se rapprochaient de leurs enfants. Certains acceptaient du riz cuit par eux, ce qui est un signe de réconciliation. Chaque soir aussi, plusieurs étudiants ou employés païens venaient se promener au *toppou*, jouaient au tennis avec les chrétiens, acceptaient l'eau qu'ils leur offraient.

FEMME TAMOULE (Cl. Skeen)

La paix n'était qu'apparente. Le grand journal païen de la Présidence, l'*Hindu*, écrivait le 11 février 1898 : « Le nombre croissant des conversions au catholicisme parmi les brahmes, cause une alarme considérable dans la population de Trichinopoly. Pendant les quelques mois qui viennent de s'écouler, Trichinopoly a vu naître dans ses murs une véritable colonie de brahmes instruits, convertis au catholicisme. Jusqu'ici, le plus grand obstacle aux conversions était l'ostracisme social auquel était condamné quiconque voulait se convertir au catholicisme. Maintenant que ces convertis se sont multipliés au point de former une colonie assez nombreuse, et, qu'il n'ont rien perdu de leur rang social, il est à craindre qu'il y ait à l'avenir un plus grand nombre de conversions à Trichinopoly. »

— « C'est une grande œuvre que celle de la conversion des brahmes, écrivait, d'autre part, un missionnaire des Missions Étrangères. Vous êtes en bon chemin. Vous réussirez, certainement, quoique avec beaucoup de peines. Allez de l'avant, sans vous décourager, et soyez persuadé que vous avez toute la sympathie et les meilleurs souhaits de tous les missionnaires, et, ce qui est mieux, les bénédictions de Notre-Seigneur. »

Attaques et encouragements, tout indiquait aux missionnaires, qu'ils faisaient l'œuvre de Dieu. Des aumônes venues de France permettaient de poursuivre cette œuvre, petitement encore, mais sans répit. Le R. P. de Scorraille, supérieur de la province de Toulouse et Visiteur du Maduré, l'encourageait hautement. On fondait, pour les brahmes, un salon de lecture et une bibliothèque catholique. Que n'avait-on assez de ressources, que n'avait-on assez d'hommes pour entreprendre une série de publications et de conférences destinées aux Hindous instruits? Les Pères du collège, écrasés par leur tâche quotidienne, ne pouvaient songer à s'en charger. Il fallait que, par l'action intime de sa grâce Dieu suppléât à leur impuissance.

Il le faisait. Le 20 janvier, à la cathédrale, on baptisait Natesan, frère de Vaidyanaden, second fils du procureur général du rajah de Poudoukottah. Grand, distingué, l'air un peu rêveur, au sourire très doux, Natesan avait trop de vertus pour n'être pas chrétien. Il luttait, depuis un an, contre la grâce, et surtout contre sa famille, qui le retenait loin de Trichinopoly. Son frère Vaidyanaden priait pour lui et l'attendait. Dans son impatience, il fit plus. En compagnie de Mahadhevan, il voulut aller chercher l'égaré. « Que vont penser nos parents, objectait Natesan. A leurs yeux, je perdrai tout honneur; on dira que la religion chrétienne avilit. — Eh bien! répondait Mahadhevan, abandonne ton honneur entre les mains du bon Dieu. C'est son affaire de le sauvegarder, puisque tu l'abandonnes pour lui. »

Après une journée d'inutiles prières, Vaidyanaden allait revenir seul. Natesan hésitait à le suivre. « Reste, lui dit enfin son frère; reste, si tu le crois nécessaire; mais n'oublie pas que ton premier souci doit être de sauver ton âme, et que Dieu se chargera d'arranger le reste. » Au dernier moment, Natesan fut vaincu. Il vint. Il est aujourd'hui l'édification du *toppou* et du collège. J'ai rarement vu figure de jeune homme plus idéalement pure que celle de ce brahme.

D'autres catéchumènes parlaient de venir rejoindre Natesan. On arrêtait l'un, en lui enlevant sa femme. L'autre était séquestré dans son village, et ramené de force chaque fois qu'il en échappait.

DEUX JUMEAUX

Durant le dernier mois de 1898, trois veuves brahmines avaient été baptisées. Elles assistaient, le 13 août, à la mort de la jeune veuve dont le mariage avait fait tant de bruit, deux ans plus tôt. Pauvre victime! Des parentes païennes étaient venues la voir; et, à la suite de cette visite, un malaise inexpliqué l'avait envahie. Elle se sentait mourir. Elle n'accusait personne. Elle s'éteignit en martyre.

Doreyappen allait bientôt la suivre au ciel. Sa poitrine était prise, et le mal achevait rapidement son œuvre. Le mourant ne demandait, d'ailleurs, qu'une grâce: expirer un samedi. Assis, les yeux fixés sur une image de Notre-Dame du Saint-Rosaire, priant toujours, il s'éteignit, le 7 janvier 1899, échappant aux séductions de la vie, auxquelles sa brillante intelligence l'eût peut-être trop exposé.

Du ciel, Doreyappen protégeait *S. Mary's Toppou*. La pagode excitait les esprits contre ce refuge des consciences libres. Dans leurs réunions publiques et privées, les Sastris l'anathématisaient. On le maudissait même dans les veillées de famille. Cependant, d'autres catéchumènes y venaient. En février 1899, un beau-frère de Doréisamy, Krichna, était baptisé sous le nom de Louis. C'était le premier brahme vichnouiste converti. Depuis trois ans il luttait contre sa famille ; il lui avait souvent échappé. La pieuse mort de sa sœur avait achevé de mûrir sa foi.

En juillet, trois brahmines imitaient Krishna. Le 6 août, j'avais moi-même la consolation de baptiser, dans l'église du collège, un bramatchari de quinze ans, Ramasamy, qui devenait Saminâden (Dominique). Sa sœur était déjà chrétienne. Sa mère, païenne, apprenait les prières et attendait de les savoir pour être, à son tour, régénérée.

Le 24 septembre, Pierre-Jérôme, frère cadet de Doréisamy, beau jeune homme de vingt ans, rejoignait son aîné au *toppou*. Afin qu'il ne fût point gagné au catholicisme, ses parents l'avaient mis au collège protestant de Tanjore. La vérité l'y avait poursuivi et atteint. Non sans luttes, non sans larmes, Pierre s'était rendu à elle. Ses parents essayèrent de l'arracher du *toppou*. Sa mère vint se jeter à ses pieds, pleurant à fendre l'âme. Pendant deux jours, le néophyte soutint ce navrant spectacle. Il tint bon. Le 3 octobre, Pierre recevait, de ma main, sa première communion.

Enfin, le 6 février 1900, un brahme du Tinnevelly, Sankara, depuis longtemps séquestré dans son village, parvenait à s'évader. Guidé par de courageux Maravers, il franchissait trente milles à pied, et dans une nuit. A Palamcottah, il trouvait l'évêque de Trichinopoly qui le prenait dans son wagon réservé. Il put ainsi arriver au *toppou*. Il y était depuis un mois, quand, le vendredi saint, 13 avril 1900, se rendant à l'office, il se voit, dans la rue, assailli et enlevé par trois vigoureux brahmes. Le soir même, il était ramené de force dans un village éloigné du Tinnevelly, à Kajapaleam.

Natesan, l'un des brahmes chrétiens, s'était mêlé aux ravisseurs. Il les entendait accabler le fugitif. Le beau-père de Sankara était surtout cruel. Sankara avait douze ans quand on l'avait marié. Sa femme, actuellement âgée de onze ans, vivait au logis paternel. « Mais votre fille, je n'en ai que faire, répondait-il à son beau-père. Jetez-la où vous voudrez. Si elle ne veut pas être chrétienne, je ne la prendrai pas. — Si tu étais mon fils, interrompit un gros brahme, je t'écraserais la tête. — Eh bien ! j'en serais très heureux, dit Sankara. Pour nous, chrétiens, mourir pour notre religion est tout ce qui peut nous arriver de meilleur. »

Il aperçoit enfin Natesan. « Natesan, sauve-moi ! s'écrie-t-il. On m'a pris par force, on m'a enchaîné, on m'a battu et on m'enlève. » Natesan avertit la police. Mais le wagon des ravisseurs était fermé à clé, et à toutes les réquisitions, les *policemen* brahmes répondaient par de tels atermoiements, que le train repartait toujours avant que la clé fût retrouvée.

Sankara est longtemps resté séquestré chez lui. On l'apercevait, enchaîné par les pieds, et entouré de *sastris* qui lui lisaient le Ramâyana et l'étourdissaient de leurs *mantras*. Aucun chrétien ne pouvait l'approcher.

Ce pauvre enfant captif était, à lui seul, le vivant symbole de sa caste[1].

* * *

Je ne saurais dire l'impression de calme divin dont l'âme est pénétrée au village des convertis. C'était jadis un terrain vague, planté de cocotiers, enclavant trois petits étangs. Bien clos de murs, il comprend aujourd'hui deux quartiers, séparés par une place.

A l'ouest, la rue brahme, bordée de maisons carrées, basses, blanches et très propres. Guère de meubles à l'intérieur; la natte roulée n'est dépliée que la nuit. Une statue de la sainte Vierge remplace l'idole. Dans la chambre des étudiants, une table de bois blanc, chargée de livres, devant lesquels pend un crucifix de cuivre, fait croire au visiteur qu'il s'est égaré dans une cellule d'anachorète. Devant chaque maison règne une étroite vérandah, aux auvents de paille; derrière, s'ouvre une cour.

A l'est, s'alignent trois rangées parallèles de maisons Soudras, séparées par deux rues. Entre les deux quartiers, une chapelle, où les chrétiens se réunissent le soir pour la prière,

TRICHINOPOLY : CHAPELLE DES BRAHMES

[1] Le 15 mai 1900, Sankara fut délivré, et revenait au *toppou*. Grâce à l'énergique intervention des missionnaires et à l'appui loyal d'un avocat anglais et protestant, la police avait dû faire droit aux réclamations du captif qui avait été littéralement torturé. Au mois de juin, Sankara recevait au baptême, le nom de Marie-Bernard. Un autre brahme, âgé de dix-huit ans, Pranathartihara Ayer, frère de Noël Samy a été, depuis, baptisé.

où les femmes font, chaque matin, le chemin de la croix. C'est un petit *naos* grec, contenant une trentaine de personnes. Sur la façade, quatre colonnes corinthiennes supportent un tympan, dominé par la croix. Devant la chapelle s'étend une place, où, le soir, la jeunesse joue au tennis.

A travers les franges sombres des cocotiers, on aperçoit au loin, vers le nord — souvenir d'un passé répudié — le rocher et la pagode de Siva. Autour du *toppou*, serpentent des rues mouvementées et sales. Le calme règne à l'intérieur. Les terrasses blanches se découpent sur le ciel bleu. Des eaux claires coulent dans des bassins neufs. Une tonnelle de vigne, des massifs de crotons égaient l'enclos.

Un jour, j'étais descendu directement, de la pagode, au *toppou*. Les oreilles bourdonnant encore du tintamarre des instruments discordants, j'étais entré dans le « jardin de Sainte-Marie ». Oh ! les bienheureuses figures qu'avaient ces brahmes ! Leur bon sourire disait les luttes finies et la paix conquise. Et je songeais aux rêves de Ram-Mohum, de Devendra ou de Kechab : je les voyais réalisés. Je sortis avec peine du jardin aux fleurs divines, pour retrouver la foule, au front sali par le *nâhman*.

Dans un autre quartier de Trichinopoly, à l'ombre de la cathédrale, les missionnaires catholiques ont créé une œuvre qui complète celle du *toppou*. C'est un refuge pour les veuves brahmines. Sous le glacis de pudeur qui recouvre la société hindoue, règne, je l'ai déjà dit, une insondable corruption. Les veuves surtout en sont victimes, ces pauvres enfants-veuves, vermine de la caste. Depuis deux ans, la charité chrétienne a entrepris de recueillir ces épaves du paganisme. Vicieuses et flétries, des âmes païennes ont déjà refleuri sur le sol catholique. Indignés des crimes, que, pour conserver leur honneur officiel, les veuves commettent périodiquement, des brahmes instruits de Trichinopoly ont félicité les missionnaires de leur tentative.

Malheureusement, ces félicitations forment un maigre appoint. L'entreprise commencée réclamerait de moins platoniques ressources. Un fleuve de grâces devrait affluer au refuge des brahmines, mais un fleuve chargé de quelques paillettes d'or. Ces fleuves-là naissent en

France. Si mes lecteurs en rencontrent, qu'ils en dirigent le cours vers l'Inde tamoule.

Aussi bien, il ne faut pas prêter aux missionnaires du Maduré des illusions qu'ils n'ont pas. Ils ne se flattent point de convertir tous les brahmes de l'Inde, ni même tous ceux d'une ville.

Ils connaissent l'âme brahmanique. Un d'eux, depuis de nombreuses années, employait, comme homme d'affaires, un brahme païen très dévoué et presque chrétien : « Père, dit un jour ce brahme au missionnaire, nous autres, brahmes, nous sommes tellement fourbes, que, même quand je veux vous servir, je vous vole. Nous sommes à tel point menteurs, que, quand je veux vous dire la vérité, je vous mens. »

Mais, de la vase profonde du paganisme, les missionnaires savent que des âmes choisies aspirent à monter vers le jour, semblables à ces lotus qui viennent épanouir leur coupe rose sur la nappe verte des marais.

Dans cette caste, rempart du paganisme, ils ont ouvert une brèche ; ils croient qu'elle ne se refermera point ; ils espèrent même qu'elle s'élargira. Qu'importe que la muraille subsiste, si la victoire a pu passer par la trouée !

CHAPITRE IX

ART ET LITTÉRATURE. — LE DRAME POPULAIRE

LA MUSIQUE ASIATIQUE. — L'ART INDIEN. — *Melakartas* ET *ragas*. — L'ACADÉMIE DE MADURA. LES ŒUVRES LITTÉRAIRES. — VALEUR ET ORIGINALITÉ. — LES THÉATRES. — UN DRAME INDIEN.

BAYADÈRE, JOUEUSE DE VOUNEI (Cl. Skeen)

Notre éducation française ne néglige rien tant que l'art, et s'il est un nom qui lui convienne peu, c'est celui que les Grecs donnaient, chez eux, à l'instruction, ἡ μουσική. Aussi, chez nous, la majorité — je vais peut-être dire un blasphème, — la majorité des gens cultivés n'entend rien à l'art. Elle est prosaïque. Son éducation ne la prépare à se connaître ni en peinture, ni en musique, ni en rien. Si nous manquons d'un goût éclairé, nous sommes en revanche nourris de préjugés, et tout ce qui heurte ces préjugés nous surprend et nous déplaît. Tel qui écoute, avec un plaisir de convention, des harmonies européennes sans style et sans caractère, ne daignera même pas entendre une mélodie asiatique, pleine cependant de science et d'expression.

L'Inde a deux musiques : l'une diabolique, qu'on entend dans toutes les pagodes, de Ceylan au Thibet, et qui est horrible, l'autre, humaine, peu connue et très digne de l'être. Le brahmanisme, qui a tout flétri, a déshonoré la musique en la reléguant parmi les occupations infâmes. Par leurs concerts de damnés, les barbiers et les parias, musiciens du diable, gâteraient le goût du peuple le mieux doué. Leurs cacophonies sauvages, faites de trilles juxtaposées, ne conserve d'artistique qu'un peu de mesure, ce rythme dont l'oreille orientale ne peut perdre l'instinct.

Il faut avouer aussi que l'Indien chante mal. La voix des Tamouls est blanche, sans force, sans timbre, gâtée encore par l'usage exagéré qu'ils font du piment et du bétel. Quant à la musique européenne, exécutée par l'Hindou, elle est, à sa musique nationale, ce que les toiles de Manchester, importées dans l'Inde, sont aux anciennes mousselines de Dacca. Le jour où l'art européen touche à l'art asiatique, il ne le perfectionne pas, il le tue. Au sens des modèles archaïques fixés depuis des siècles, il ne sait guère substituer que le goût de la pacotille.

L'Indien possède une musique nationale, antique comme sa langue et ses dieux, et délicate comme les filigranes que brodent ses orfèvres. Dans un concert indien, la voix ou l'instrument exécute la mélodie. Deux instruments accompagnent, et tiennent la tonique et la dominante. Un tambourin, touché des doigts et de la paume de la main droite, assourdi par la main gauche, brode, sur le chant, des rythmes compliqués. De petites cymbales de cuivre marquent la mesure et rythment le mouvement.

L'Indien reconnaîtrait encore l'infériorité relative de sa peinture et de sa sculpture, voire celle de sa littérature, mais jamais il n'avouera la supériorité de notre musique. Il ne comprend rien à notre harmonie, encore moins à notre modulation compassée. Il nous trouve pauvres à la fois et tapageurs, confinés dans une gamme et dans une modalité monotones. Lui se vante d'avoir à sa portée soixante-douze modes primaires, appelés *Melakartas*, desquels il tire plus de mille modes secondaires ou *Ragas*. Ces *ragas* ont, chacun, leur caractère précis et immuable : triste, gai, hardi. L'Indien calque, sur ces *ragas*, des thèmes classiques, des phrases musicales. Il est fier de l'infinie variété de ses modalités.

L'artiste hindou multiplie les transpositions d'accents, les syncopes et les contretemps, qu'il exécute avec une extrême aisance. Il dispose de mesures multiples, susceptibles de combinaisons nombreuses. Son système est si riche qu'aucun artiste ne le connaît tout entier. Chacun se réduit à un nombre restreint de *melakartas*, où il excelle.

"DEVADI DEVA"

Melakarta : Mayamalavagaula
Raga : Sindhuramakriya.

Musique et Paroles
de TYAGARAJAYYA.

Melakarta : Harikambodhi
Raga : Kambodi.

AIR POPULAIRE

AUTRE AIR POPULAIRE

Quelques-uns de ces *malekartas* déconcertent, il est vrai, des oreilles européennes, mais d'autres éveillent au fond de l'âme un monde d'impressions nouvelles; elles éblouissent par la richesse de leurs ressources, elles font rêver à un plain-chant infiniment flexible, prodigieusement dentelé. Elles rappellent certaines mélodies irlandaises ou hongroises, certaines malagueñas andalouses. C'est peut-être l'ancienne musique chromatique grecque. Rien qu'à entendre chanter, sans la comprendre, une ode d'Auvai, j'avais la sensation de ce que pouvaient être, à Lesbos, les chants d'Alcée ou de Sapho.

Malheureusement, l'Inde n'a pas de Conservatoire qui lui apprenne à dire ses *ragas* d'après une tradition sûre. L'exécution en est trop souvent nerveuse, troublante. Mais quelle puissance a ce lyrisme! Comme il saisit bien tout l'être; et n'ont-ils pas raison, alors, d'estimer le nôtre glacé[1] ?

***

Si l'on peut discuter le mérite de la musique indienne, on ne saurait nier la valeur de la littérature tamoule. Bien supérieur aux autres dialectes dravidiens, au telougou, au maléalam et au canarese, le tamoul dispose d'un incomparable vocabulaire, et sa littérature, très pauvre en prosateurs, possède une poésie dont il faut admirer la richesse et l'originalité.

Pendant notre moyen âge, trois dynasties principales gouvernaient l'Inde méridionale. Les Chéras régnaient à Talakad, sur le haut Cavery, les Cholas à Ourayour, près de Trichinopoly, les Pandyas à Madura. Cholas et Chéras encouragèrent la littérature tamoule, mais ses protecteurs officiels, du IXe au XIVe siècle après Jésus-Christ, furent les Pandyas. Ils avaient fondé à Madura des académies dont la légende a exagéré l'importance, mais dont une, au moins, est historique. Elle

[1] Un amateur de Madras, M. Chimasamy Moudeliar, s'occupe, depuis longtemps de réunir et de noter les vieux airs tamouls. Ses travaux attendent un éditeur. Lui s'est quasiment ruiné à les poursuivre. Un professeur de Trichinopoly, le R. P. Honoré, admirateur très compétent de la musique hindoue, m'a fourni l'occasion de l'entendre, et m'a un peu appris à l'apprécier. Je suis heureux de l'en remercier. (Voir *Oriental Music in european notation*. Madras, 1892; et *Musica Sacra* de septembre 1900, article du R. P. Honoré.)

comptait quarante-neuf membres, tous poètes illustres. Aucun ouvrage ne pouvait être offert au public qu'il n'eût d'abord subi leur sévère critique. Au XIVe siècle, Madura fut saccagé par une invasion musulmane. Son académie fut dispersée ; les manuscrits trouvés par les vainqueurs furent détruits, et le roi Prakama, conduit prisonnier à Delhi, dut se consoler, dans sa captivité, en chantant les *courals* de Tirouvallouver. L'âge d'or de la littérature tamoule — sa période *courtoise* — était passée et, bien que nombreux et célèbres encore, les poètes des siècles suivants ne devaient plus connaître l'éclat de leurs prédécesseurs.

Malgré la sécheresse de ce procédé, je ne puis donner une idée de la littérature tamoule qu'en dressant la liste de ses principaux représentants.

Le père de la langue tamoule est le poète Agastiyar (IXe siècle av. J.-C.). Il aurait inventé l'alphabet, et composé la première grammaire. On lui attribue une connaissance merveilleuse de la chimie, de l'astronomie, de la médecine. C'est l'Hippocrate indien. Neuf siècles après lui, vécut, à Jaffna, le poète Yalpana Nayanar. Au Ve siècle, un groupe de poètes se signala par son hostilité contre les Bouddhistes. C'étaient Cheraman Peruman, roi poète, chantre de Siva ; puis, Sambandha et Sundarer, Apper et Villoupoutirer. Grâce à eux, le sud de l'Inde fut débarrassé des Djaïns.

Villoupoutirer, brahme vichnouiste, est surtout célèbre par son imitation en tamoul du poème sanscrit le Mahâbhârata. De nos jours, on chante son poème même dans des réunions de famille, comme on devait chanter l'*Iliade* dans les foyers de l'Hellade.

Du VIIIe siècle, un seul auteur subsiste, Kachiyapper, dont on récite les hymnes dans les temples de Jaffna.

Le IXe siècle fut le grand siècle de la littérature tamoule. Alors vivaient Tirouvallouver et ses trois sœurs, Auvai, Ouppai et Ourouvai, ainsi que Kamben, Kapiler, Ottakouder, Pougazendi, et nombre d'autres écrivains, dont les poèmes sont encore chantés jusque dans les rues. Tirouvallouver s'est illustré par ses *courals*, que le P. Beschi, le premier, fit connaître aux Européens. Les courals sont des maximes écrites en stances de quatre vers, et divisées en trois parties ; la pre-

UNE TROUPE D'ACTEURS AMATEURS (TOUS BRAHMES)

mière traite de la vertu, la seconde de la santé, la troisième des plaisirs des sens. La troisième partie n'est guère lisible; la première est admirable[1].

On a comparé les courals aux meilleures pages de Sénèque. On pourrait les rapprocher de nos livres sapientiaux.

Les sœurs de Tirouvallouver ont été déifiées. Elles ont écrit de courts traités moraux et des hymnes à Siva. On étudie dans les écoles les poèmes *Attisondi* et *Kondai Veyouden*, chefs-d'œuvre d'Auvai, la Sapho tamoule.

Kamber, le second poète épique tamoul, a imité le Râmâyana. Il était fils de rajah. Après la défaite et la mort de son père, il fut recueilli par un roi chola d'Ourayour. Le roi de Madura, Pandya Varagouna, l'invita à sa cour. Le Râmâyana de Kamber est toujours prescrit comme *text book* aux examens actuels de l'Université.

Kapiler était l'un des quarante-neuf académiciens de Madura. Ottakouder, rival de Kamber, a composé le septième livre du Râmâyana tamoul. Il est surtout connu pour ses chants guerriers (*Kalingattou Parani*). Pougazendi est l'auteur de *Nalavemba*, ou histoire de Nala, un épisode du Râmâyana exigé pour l'examen de *Matriculation*.

Du xe siècle, nous conservons les poèmes de Pattanattou Pillay et de son ami Patirakiryar, un monothéiste; puis, la fameuse grammaire *le Nannoul*, de Pavananti. Dès leur bas âge, tous les enfants apprennent le Nannoul par cœur. En pays tamoul, ignorer le Nannoul, c'est ignorer sa langue.

Sivakiyar, un autre monothéiste, a écrit des poèmes fort populaires. On lit dans l'un d'eux: « Que de fleurs j'ai cueillies dans ma jeunesse et détruites feuille à feuille; que de prières j'ai faites en vain; que de pleurs j'ai versés au printemps de la vie; que de temples dédiés à Siva j'ai visités! Pour ces vanités, j'ai abandonné le Seigneur et ceux

[1] Voici quelques courals:

— Quand la douleur vous accable, allez vous jeter aux pieds du seul Tout-Puissant.
— Les vagues du péché n'engloutiront jamais votre âme, si vous vous enfoncez dans l'Océan de la vertu.
— Nul ne peut traverser le fleuve de la vie, sauf celui qui s'attache aux pieds du Seigneur.
— N'abandonnez pas la vertu; à la mort, elle sera votre soutien.
— Les nuages fertilisent la terre par la pluie; la terre ne les paie pas de retour. Ainsi les bons dédaignent toute récompense pour leurs bienfaits.

qui l'aiment. Ne prenez pas les idoles pour des dieux ; ne les adorez pas. »

Rien n'est demeuré du xie siècle. Au xiie siècle, fleurit Tandi Asiriyen, auteur de drames innombrables, presque l'égal de Kalidâsa, le dramaturge sanscrit.

Au xive siècle, vécurent les deux frères Irettiyer, l'un boiteux, l'autre aveugle. Ils composaient ensemble. L'un commençait la stance que l'autre finissait.

Au xve siècle, Kalamegam, le grand satirique indien, composait le *Yagamanda*. Vers cette époque, vécut aussi Kangayer, l'auteur d'un lexique tamoul, *Ouritchol Nigandou*, en usage dans toutes les écoles.

Au xvie siècle, on relève quelques noms connus. Mandalapourader, auteur d'un lexique, Tattouvarayer, et Virakavirayar, auteur du fameux poème épique, *Haritchandra*.

Au xviie siècle apparaissent divers poètes épiques, entre autres, l'auteur du *Chintamani*, l'ouvrage préféré du P. Beschi, et Tayoumanaver, panthéiste, né à Trichinopoly, et très lu de nos jours.

Le xviiie siècle est riche en poètes. Les meilleurs auteurs dramatiques sont Arunalachala Kavirayar, auteur du *Rama Nayadam*, le drame de Rama, et Ganapati Ayer, connu par ses deux drames, *Alankararoupa* et *Valabhima*. Dès lors, des poètes chrétiens se font remarquer, entres autres, cet Inbakavi (le doux poète), Paraver, né à Manapad, qui a laissé de belles hymnes à la Vierge. Mais sa muse était peu sobre, et, sous l'influence du *callou*, Inbakavi allait parfois dans les pagodes chanter les faux dieux. Mais le plus fameux poète du siècle fut, sans conteste, Viramâmonnivar, autrement dit le P. Joseph Beschi. Son poème, le *Tembâvani*, est connu des païens comme des chrétiens. Non content d'exceller dans le haut tamoul poétique, le P. Beschi a fixé, par ses récits et par sa grammaire, le tamoul vulgaire, le seul usuel.

Le xixe siècle compte quelques célébrités. Deivasigami († 1846), fils d'un catéchiste de Dindigul, a composé de beaux poèmes en l'honneur de Notre-Seigneur. Moutousami Pillay († 1840), a écrit la vie du P. Beschi, et un livre contre les protestants, très admiré, le *Dikkaram*. Nayanappa Moudeliar a composé le *Nabadiyar*, qui ressemble assez aux courals de Tirouvallouver.

Cette incomplète et froide nomenclature suffit, si je ne me trompe, à montrer que la hiérarchie des genres littéraires n'existe guère dans l'Inde. Tout sujet peut être traité en vers, et l'auteur d'un lexique ou d'un traité de médecine passe pour un aussi grand poète qu'un faiseur d'épopées. Elle prouve aussi combien, dans l'Inde, ce sont toujours les *Morts qui parlent*. Nous avons eu nos trouvères et nos rhétoriqueurs,

Mais où sont les neiges d'antan?

et, sauf quelques médiévistes, qui sait aujourd'hui les chansons du roi Thibaut, ou les ballades d'Alain Chartier? Dans quel village français, passant la nuit, entendrais-je une famille d'artisans chanter les gestes de Roland, comme, en revenant à Trichinopoly, j'entendis un soir, à Oureyour, une famille de tisserands chanter des vers de Villoupoutirer? (ve siècle!)

Très riche, la littérature tamoule est aussi très originale, surtout la plus ancienne, purement dravidienne, et que n'altérait encore aucun courant bouddhiste ou brahmanique. Le brahmanisme a été un fléau pour la littérature dravidienne. Du jour où son influence, d'abord combattue, s'est enfin imposée, la poésie indigène, essentiellement antibrahmanique, fut dédaignée et mutilée. Des hymnes, comme ceux de Sivakiyar, purement déistes et hostiles à l'idolâtrie, furent interpolés et contraints de servir les dieux nouveaux. Beaucoup de poèmes furent pareillement chargés d'interpolations traduites du sanscrit; d'où l'opinion, longtemps admise, que la littérature tamoule était toute d'emprunt. Des ouvrages entiers, tels que *Guana Vemba*, très connu

BAYADÈRE (Cl. Skeen)

encore au XVe siècle furent supprimés. Le grand souci des brahmes était de démarquer les poèmes, et d'attribuer à des brahmes tous les ouvrages écrits en tamoul. Ils avaient fort à faire, car les principaux poètes tamouls étaient Soudras. Tirouvallouver était même Paria. Kamber était Pandya. Aujourd'hui encore, les meilleurs poètes sont Vellages ou Moudéliars. Mais les brahmes sont audacieux. L'histoire de Tirouvallouver, qui contenait les biographies de grands écrivains, fut remaniée. Tous les poètes cités y furent déclarés brahmes, alors que l'intention du livre était justement de prouver que Tirouvallouver était Paria. Dans des pays comme le Travancore, où les brahmes règnent en maîtres, tous les vieux écrits ont été détruits, et il y est presque impossible aujourd'hui d'obtenir une copie imprimée des anciens livres tamouls. Tout a été altéré et mutilé, « afin, dit Charles E. Gover, de plaire à ceux dont l'existence dépend de la négation d'une littérature dravidienne, et de l'admission des légendes pouraniques[1] ».

Ronsard rêvait de donner à notre poésie une autre langue que celle de la prose. Il eût été content du tamoul. Le haut tamoul, ou tamoul poétique, diffère, en effet, du tamoul usuel, autant que le latin diffère du français. Aussi, pour être compris, tout poète doit-il accompagner ses vers d'une traduction en prose, suivie souvent elle-même d'un mot à mot littéral. Difficile à comprendre, cette poésie est difficile à chanter, car on chante la poésie indienne comme on chantait la poésie grecque.

Tout y est exubérant : prolixité des descriptions, complication des rimes, exagération d'effets sonores.

Les prodiges métriques des alexandrins sont des jeux, quand on les compare à la dentelure des vers hindous. Des Européens doivent, je crois, désespérer d'en comprendre la valeur mélodique. Aussi bien, savons-nous celle des chœurs et des hymnes grecs? Les Indiens, ces frères aînés des Hellènes, n'ont d'ailleurs rien de la mesure, de la perfection divine de leurs cadets. Voilà pourquoi, malgré l'enthousiasme de certains indianistes, ils ne peuvent être pour nous des modèles classiques. « Il est à désirer, a écrit W. Taylor, que le poli, l'élégance de la poésie telougou et tamoule soient plus connus en Europe. Des juges compé-

[1] *Folk Songs of Southern India.*

tents pourraient décider si la suprématie accordée au grec et au latin, comme à des langues incomparables, est justifiée. » Sans admettre cette conclusion, on peut affirmer, avec le même écrivain, que le tamoul est une des plus polies, des plus riches, des plus délicates langues parlées par l'homme, et, avec le Dr Caldwell, « que le tamoul est la seule langue dravidienne qui ne se soit pas contentée d'imiter le sanscrit, mais qui ait essayé de l'égaler et même de la surpasser, et qui, sur un point au moins, dans les maximes morales, y soit parvenu[1]. »

***

L'Indien raffole de spectacles. Dans les capitales des présidences, des scènes modernisées offrent aux *Babous* des spectacles analogues à ceux d'Europe. Des troupes passent aussi dans les grandes villes, et représentent des tableaux vivants ou des féeries toujours goûtées. Enfin la jeunesse des écoles se plaît à jouer du Shakespeare. Par *snobisme*, elle affecte de dédaigner le vieux drame hindou, et elle essaie d'interpréter les fureurs d'Othello ou les joyeusetés de Falstaff. La faveur du public reste cependant plus volontiers acquise au vieux drame national.

Quelques villes possèdent des théâtres permanents, mais quels théâtres! Une armature de bambous, recouverte de nattes, compose celui de Trichinopoly. Ailleurs, on ne dresse une scène que pour le temps de la fête, car toute fête, païenne ou chrétienne, doit être assaisonnée d'un drame.

LE THÉATRE DE TRICHINOPOLY

A l'extrémité d'une place, on élève alors une

[1] Je dois encore remercier le R. P. Mahé, professeur au collège Saint-Joseph à Trichinopoly, ainsi que le *pandit* tamoul du même collège, des précieux renseignements qu'ils m'ont fournis sur la littérature tamoule.

vaste estrade fermée, de trois côtés, par des nattes parées de toiles plus ou moins riches. En guise de rampes, des torches imbibées d'huile, piquées à des tridents de fer, colorent les acteurs de violents reflets rouges. Point d'actrices : des jeunes gens remplissent les rôles de femmes. Les costumes sont modernes. Les acteurs sont choisis dans le village, à moins qu'une troupe ambulante ne se présente. Les troupes d'amateurs se recrutent souvent dans la meilleure société brahmanique.

On joue la nuit, de neuf heures du soir à quatre heures du matin, et non pas une nuit, mais trois au moins, souvent huit, et parfois quinze consécutives. Chaque auditeur porte, du reste, sa natte sur la place, et s'y étend. Le drame se déroule. Les païens jouent des poèmes de Kavirayer ou de Tandi Asiryen; les chrétiens représentent des mystères analogues à nos spectacles du XVe siècle, ou à nos miracles du XIVe. Point de crise d'âme concentrée, mais de prolixes épopées en vers, en haut tamoul par conséquent. Des milliers d'auditeurs étendus ou accroupis sur la place, il n'y en a peut-être pas dix qui comprennent ce qui se chante. Aussi un commentaire en style simple répète les vers tamouls. Le récitatif est interrompu par d'interminables refrains accompagnés de danses. Le grotesque coudoie le touchant; les jargons les plus bas se mêlent aux sublimités du haut langage. Au milieu des passages les plus sérieux et les plus pathétiques, un bouffon, déguisé en diable ou en sorcier, tombe tout à coup au milieu des acteurs interloqués, assomme le roi et le *poussari* (sacrificateur), et, sautant parmi les spectateurs éperdus, provoque des rires fous, des cris d'effroi et un tumulte général. La salle, à ce moment, se réveille.

Au drame en haut tamoul, les acteurs cousent des intermèdes en tamoul très usuel et de la plus inconcevable obscénité. La foule attend ces intermèdes; elle est tout oreilles pour les entendre. Dans les drames chrétiens eux-mêmes, il faut surveiller de très près les acteurs, pour qu'ils ne s'échappent pas en plaisanteries fort déplacées. Ainsi faisait le *fol* de nos mystères du XVe siècle. Il était célèbre par ses outrances de langage et de gestes. Aussi, l'évêque actuel de Trichinopoly a-t-il dû s'opposer aux drames publics et les interdire, tout comme avait fait le parlement de Paris en 1548.

Chez les Paravers, et dans certains bourgs du Marava, les chrétiens représentent chaque année la Passion. La pièce dure deux nuits, de sept heures du soir à six heures du matin. Le *rollet* a été écrit par les anciens missionnaires du Maduré. Chaque acteur a des milliers de vers à apprendre. C'est un jeu pour lui que de les retenir. Au drame très émouvant, auquel musulmans et païens assistent avec respect, on mêle aussi des intermèdes gais. Ainsi, faut-il acheter l'agneau pascal, les acteurs imitent un débat de marché contemporain. Quand Pilate arrive, il caracole avec son escorte sur des chevaux en carton, et les grimaces des cavaliers suscitent des rires sans fin.

L'auditoire est toujours de la meilleure composition. Pour s'amuser à leurs dépens, un musulman avait, un jour, vendu de la poudre mouillée aux acteurs qui devaient représenter la mort du martyr chrétien Tevasagayam Pillay. Au commandement *feu*, les mousquets ratent. Le martyr manqué se relève. Second, troisième échec. Alors, déposant leurs armes, les bourreaux tapent dans leurs mains. A ce coup, le héros meurt, et l'auditoire fond en larmes.

CHAPITRE X

CROQUIS INDIENS

Sur les berges élevées de la Tambrapourany, reliées par un beau pont, s'élèvent deux villes jumelles, Tinnevelly et Palamcottah. Le fleuve, aux trois quarts desséché, laisse à nu une traînée de pagodes blanches. D'exubérants massifs de cocotiers bordent ses rives. Dans la campagne, jusqu'aux montagnes bleues qui s'estompent à l'horizon, s'étalent de splendides rizières, drues comme de la mousse, luisantes comme de l'émail. De loin en loin, jaillissent d'un tertre, en panache, des bouquets de cocotiers.

De lourds banians ombragent la route qui mène à Palamcottah. On coupe leurs branches avant qu'elles atteignent le sol, sinon elles y prendraient racine, et, d'un arbre, feraient une forêt. Sur les rives de la Tambrapourany et sur la route de Palamcottah, s'ouvrent de spacieux bangalows, résidences du collecteur, du juge, des membres de l'*Officiality*.

Beaucoup d'établissements protestants : des écoles, des bibliothèques, des temples. Le Tinnevelly est un des foyers du protestantisme dans l'Inde. La *Church-Mision* se partage cette province avec la *Society for the Propagation of the Gospel*. D'un commun accord, ces deux agences ont abandonné le district de Madura à l'*American Mission*. D'autres sectes moins importantes, la *Baptist Mission*, par exemple, exploitent aussi le Tinnevelly. La *Salvation Army* y fait, il va sans dire, quelques incursions.

L'évangélisation de l'Inde préoccupe l'Angleterre depuis peu.

Jusqu'à ce siècle, la Compagnie des Indes s'était systématiquement opposée à tout apostolat, d'où qu'il vînt. Résolue d'éviter les façons de coloniser des nations latines, persuadée que s'occuper de la conscience des Indiens nuirait aux intérêts de son négoce, elle favorisait plutôt l'idolâtrie. « Nous nous abstenons, disait lord Macaulay, et je compte que nous nous abstiendrons toujours de convertir des indigènes. » Et le *Times* écrivait, en 1859 : « La Compagnie des Indes semblait convaincue qu'elle ne maintiendrait sa position dans l'Inde qu'aux mêmes conditions que les Hollandais conservaient la leur au Japon, c'est-à-dire en foulant aux pieds la croix[1]. »

Au commencement du XVIIe siècle, des Danois avaient été envoyés dans l'Inde par leur roi Frédéric IV. A leur instigation, les Anglais, un peu à contre-cœur, fondaient la *Christian-Knowledge Society*, mais s'ils lui donnaient de l'or, leur enthousiasme n'allait point jusqu'à lui fournir des missionnaires. En attendant mieux, eux, ces anglicans qui, dans leurs articles de foi, traitaient les dissidents de publicains et de païens, ils adoptèrent, sans scrupule, des auxiliaires luthériens, allemands ou danois. Les sociétés d'ailleurs, allaient se multipliant en Angleterre, dotant princièrement les fondations indiennes. Dès 1851, un presbytérien reconnaissait que la dépense annuelle des seules missions protestantes de l'Inde dépassait d'un cinquième les subventions de toutes les missions catholiques de l'univers[2].

Aucune région n'offrait au prosélytisme protestant un plus facile accès que le Maduré. La destruction de la Compagnie de Jésus, en 1773, s'ajoutant à d'autres malheurs, avait ravi à cette mission ses apôtres. Elle végétait sous la garde indolente de quelques prêtres de Goa. Les prédicants y affluèrent. Repoussés par les Paravers, fidèles quand même à leur père, François-Xavier, ils furent plus heureux auprès des Sanars, et ils s'organisèrent fortement dans le Tinnevelly.

Leurs ressources sont énormes. *La Church Mission*, en 1883, obtenait déjà un subside annuel de 5.053.193 francs. La *Society for the Propagation of the Gospel* recevait, la même année, 215.735 francs.

[1] *The Times*, March, 16, 1859.
[2] V. T. W. M. Marshall, *Christian Missions*.

Une de ces sociétés pouvait, en 1878, affecter à ses seules écoles un secours de 180.000 francs. L'autre recevait, durant la famine de 1877, un appoint extraordinaire de 500.000 francs. Cette somme l'aidait à cueillir une moisson d'âmes dont la conversion fut, je crois, saluée d'un *Te Deum* chanté à Wesminster. L'aumône n'appauvrissait, du reste, pas ceux qui la faisaient, car prêté à 18 pour cent, l'argent versé par certains ministres leur revint avec usure.

A la puissante armée protestante, que tout, dans l'Inde, favorisait, la mission catholique avait, en 1837, un homme à opposer. Aujourd'hui, dans le Sud, elle peut mettre en ligne seize prêtres, chargés d'administrer quatre-vingt-trois mille catholiques, repandus dans cinq cent trente-sept villages. De ces villages, cent vingt-cinq seuls ont une église bâtie en briques; cent soixante-sept n'ont, en fait de chapelle que des huttes de terre, couvertes de paille; deux cent cinquante villages n'ont aucun lieu de prière. Dans ces régions, les Sanars, surtout se porteraient en masse vers la vraie foi, mais, dès qu'un mouvement se produit en faveur du catholicisme, une digue protestante s'élève pour l'arrêter : procès injustes, rixes et batailles, tout est employé pour la construire. L'Indien, devenu protestant, est un incomparable artisan d'impostures.

Dans les pangous du Sud, couvait le feu mal éteint des récentes querelles entre Sanars et Maravers. Des garnisons de cipayes occupaient les principales villes. Les populations décimées avaient recu, pour les garder, un nombreux renfort de *policemen* indigènes, les pires des malfaiteurs, et l'on avait imposé aux victimes la charge de nourrir leurs gardiens.

Loin des chemins suivis par les touristes européens, j'allais étudier la vraie vie indienne, sillonner les sables profonds, et les côtes chères à saint Francois-Xavier.

Je ne veux pas refaire, avec mon lecteur, tout ce pénible voyage. J'essaierai seulement de revenir avec lui sur quelques étapes plus chères, d'évoquer à ses yeux quelques scènes plus pittoresques, quelques sites moins oubliés.

I. — KAMANAYAKEMPATTI. — UNE FÊTE EN PAYS SANAR

En vandi. — Bruyant accueil. — Insomnies et processions

13 *août*. — Une heure encore *de railway* et de civilisation! Nous montons ensuite dans un vandi assez semblable aux mauvaises tartanes andalouses. Le lit du char est posé sur un essieu sans ressorts, et surmonté d'une bâche en arceau, couverte d'une toile bleue. Ni bancs, ni siège : une simple jonchée de paille. Nous nous y étendons côte à côte, — nous sommes deux, — appuyés sur nos coudes, comme les Romains sur leurs *accubita*.

Nos bœufs blancs partent en trottinant dans un chemin gris, à peine tracé entre les champs de coton. Les roues plongent dans des ornières de sable. Ni *vandikàrer* (conducteur), ni bœufs, ne soupçonnent qu'on doive les éviter. Voici un arbre qui barre la route depuis six mois. Au risque de verser, nous tournons l'obstacle, en inclinant sur la pente du talus. Aucun accident de terrain ne passe inaperçu : à chacun répond un douloureux soubresaut.

La plaine grise est monotone. Des figuiers de Barbarie, et des cactus blancs de poussière bordent les chemins. Les branches serrées des arbres à épines fouettent la bâche du vandi. Çà et là se dressent des gommiers et des massifs de ricins aux feuilles argentées.

A l'horizon, la tour blanche d'un clocher émerge d'un toppou de palmiers. C'est Kamanaya-Kempatti. Des enfants nous ont vus. Ils vont nous annoncer; sous les palmiers s'agite une fourmillière bronzée, piquée de points blancs et rouges.

Voici nos Sanars : des traits assez rudes, une teinte de café brûlé, une boucle d'or aux oreilles. Nous sommes cernés. A l'arrière, des mains saisissent la bâche du vandi. Toutes les têtes veulent pénétrer. Nous en avons une rangée à nos pieds. D'autres s'élèvent jusqu'à cacher le ciel. Toutes sourient, nous font des grâces, découvrent des dents blanches, rougies par le bétel.

Un remous de la foule disperse cet étalage. Des enfants arrivent, portant, suspendues à des bambous, des oriflammes rouges et blanches

PROCESSION CATHOLIQUE

La musique gronde, une sorte de cornemuse, des fifres, deux ou trois tambours, de longues trompettes droites ou *taraï*, des conques marines, ou *vangous*, redoutables instruments. Enfin, monté sur un char traîné par deux bœufs, un immense tambour persan qu'un paria assis frappe incessamment.

Le fifre donne une note fondamentale, qui dure éternellement. Les cornemuses essaient quelques roulades. Les clairons, les conques, les taraïs barrient comme des éléphants en colère. Aucun dessein d'harmonie ni de mélodie. Des clameurs juxtaposées, assourdissantes, que domine, agaçant, le cri aigu du fifre: *Fen dè brut !* aurait dit Tartarin !

Notre vandi nous dépose près d'un pandel élevé devant l'église. Nous mettons pied à terre. Chacun se prosterne. On étend sous nos pas des toiles. Deux ou trois, replacées tour à tour, suffisent à couvrir le sol jusqu'à la porte. Ces torses qui grouillent, ces instruments qui grondent, causent un moment de vertige.

Kamanayakempatti est une des plus anciennes chrétientés du Sud, et non des moins célèbres. L'église est d'un mauvais style XVIIe siècle. Elle était renommée dans l'ancienne mission du Maduré. Le bienheureux de Britto avait contribué à y fonder ce pèlerinage du 15 août.

Un Borghèse en avait été le plus illustre apôtre. L'église conserve encore, gravée sur une plaque de granit noir, cet édit promulgué, en faveur du P. Borghèse, par un rajah d'Etiabouram :

« De même que mon père a, de son temps, il y a vingt-cinq ans, empêché toute opposition à cette église et à cette congrégation de sanyassis de Rome, de même nous, maintenant, nous voulons garder cette église et ces prêtres. En témoignage de ceci, nous plaçons cette pierre.. Par conséquent, celui qui ferait quelque opposition à cette église, ou à ces prêtres, non seulement deviendrait traître, mais il se rendrait coupable du même crime que celui qui aurait tué une vache noire ou un brahme sur les bords du Gange. Tel est l'ordre que nous, Segariva leltapa Nayaker, nous donnons en ce mois de Sittirei le 19 (30 avril 1688).

Kamanayakempatti contient quinze cents catholiques. Les villages voisins en renferment cinq mille. Tout important qu'il est, ce pangou n'a pourtant pas de prêtre. Des missionnaires voisins l'administrent, qui, eux-mêmes du reste, ploient sous leur tâche, tant est vaste le champ du Maduré, et faible la troupe d'apôtres qui l'ensemence et le moissonne!

Entrons dans le bangalow du missionnaire. C'est une haute pièce, large de quatre mètres et longue de sept. Des œils-de-bœuf, pratiqués sous le toit, y laissent pénétrer de l'air et des chauves-souris. Une grappe d'enfants se pend aux fenêtres. Un groupe obstrue la porte. Ceux-ci chassés, d'autres viendraient. Laissons-les donc : il faut, dans l'Inde, savoir vivre en plein air.

Aussi bien, le tintamarre qui recommence autour de l'église attire les curieux. Une procession s'organise, très simple. Des musiciens ouvrent le cortège. Un brancard s'avance, supportant une sorte d'ange. Des chrétiens l'escortent, en masse profonde. Ils vont à l'église chanter les litanies de la sainte Vierge. Devant l'autel brûlent plusieurs lampes, chargées d'huile de coco, à l'odeur suffocante. Pendant une heure, le chant se poursuit, accompagné par l'assourdissante musique. Aux instruments s'est ajoutée la sonnerie fiévreuse des tamtams de bronze.

C'est fini : allons nous reposer. Nous reposer !... Des Indiens

UNE CHAPELLE DE VILLAGE

dorment déjà dans notre cour. D'autres s'installent sous nos varangues. Mon compagnon place sa natte près des leurs. Je me jette sur la mienne. J'allais peut-être m'endormir, quand, vers minuit, la musique reprend. Ces malheureux vont encore faire une procession. Ils sont insensés ! Du reste, on parle autour de moi ; on chante. Je cherche mon bout de bougie : un rat l'a emporté !

Le 14 se passe en exercices pieux et en crises musicales. Le soir, à sept heures, au roulement inquiet des tambours, au gémissement des fifres, je comprends que quelque chose d'atroce se prépare. C'est d'abord une procession nouvelle, plus grandiose que celle d'hier. La foule est nombreuse, car, tout le jour, il est venu des pèlerins. Elle est éclairée par les torches huilées, piquées à des tridents, luminaire obligé de toute procession indienne. On porte à bras, sur des brancards, trois hauts baldaquins, abritant les statues de saint Ignace, de sainte Quiterie et de saint François-Xavier. Le papier doré, le clinquant des baldaquins resplendissent au feu des torches. De loin en loin, on dispose les brancards sur une ligne, et une sorte de chœur, composé d'une vingtaine d'hommes, s'agenouille, les mains jointes à la hauteur du front. Ils chantent une mélopée suppliante, accompagnée de prostrations.

La supplication est achevée. Les notables viennent nous présenter le *sandipou*, l'offrande. Nous les recevons assis sous la varangue. Ils se prosternent le front à terre, puis, se redressant, nous tendent un grand plateau plein de bananes et de sucre blanc.

Le sandipou reçu, il faut aller chanter vêpres. Cet honneur m'est dévolu. La musique m'entoure et éclate en tonnerre. Ceux qui me précèdent marchent à reculons, afin que je ne perde rien de leur vacarme. Un *taraï* dresse son pavillon à quelques centimètres de mon oreille. Une trompette me souffle en pleine figure. Que feraient-ils, s'ils voulaient me torturer?

L'église regorge de gens tassés. C'est une étuve. Il faut subir une cuisson au bain-marie. Avançons, écartant les dos de bronze, écrasant le moins possible d'orteils. Étourdi, suffoqué, j'entonne. On me suit. Oh! les antiennes de Saint-Gervais! oh! les psaumes des moniales de Solesmes! oh! les hautes nefs de France, qui versez sur les âmes la fraîcheur et la paix! où êtes-vous?

C'est fini. Il est neuf heures et demie. La musique me ramène, stridente, impitoyable, un concert d'Euménides. Puis la foule se répand. Elle s'étend, pour dormir, sur la place, autour de l'église, sous notre varangue. Elle geint, parle, ronfle. Assis sur un fauteuil, dehors, j'attends les événements, la tête vibrant encore des secousses de tout à l'heure.

Vers minuit, le charivari reprend. Des porteurs de torches viennent réveiller les dormeurs à coups et à cris. Les cloches sonnent. Le vacarme s'étend. C'est l'aube du 15 août. On la salue par un feu d'artifice fort beau, tiré à cinq cents mètres de l'église. Des centaines de fusées ronflent dans l'air, des gerbes d'un très grand effet embrasent le ciel. La procession s'ébranle. Outre les baldaquins de la veille, on traîne deux immenses *saprams* supportant des dômes d'une dizaine de mètres de hauteur, resplendissant de clinquant et de lumières. Des centaines d'hommes tirent ces tours éblouissantes, malaisées à manœuvrer. Ils avancent très lentement. La musique continue sans répit ses clameurs. L'air est chargé de fumée. La foule ondule dans une lueur de féerie, muette, puis s'épandant tout à coup en une prière qui court avec des bruits de vagues. Cette exagération d'effets, et l'assourdissant vacarme qui s'y joint, accablent un Européen. Cependant ces splendeurs déroulées comme en rêve jettent l'âme en un étrange ravissement.

ADEIKALABOURAM : CHAPELLE DE L'ORPHELINAT

A huit heures, la procession est finie. On a appliqué les deux saprams devant l'église, des deux côtés de la façade. Un autel est au pied du plus grand. J'y célèbre la sainte messe. Plusieurs milliers de chrétiens sont tassés autour de moi. Pour donner la sainte communion, je m'avance dans la foule. Le catéchiste qui me précède m'ouvre un chemin en frappant d'un coup, qui résonne, le dos des femmes prosternées. Aucune ne se plaint. Quand je bénis, chacun fait, des lèvres, comme un bruit de baiser; tous tendent vers moi les mains réunies en coquille, puis les mères passent sur le front de leur fils ces mains remplies de grâces.

La fête est terminée. Encore une nuit de tapage, pendant laquelle, vaincu par la fatigue, je dors sans rien entendre. Puis nous partons.

Des files de petits vandis nous suivent, débordant de pèlerins. Les enfants chantent des cantiques. Quelques-uns s'accompagnent d'un *vounei* ou d'un accordéon.

Trois heures d'attente en rase campagne et en plein soleil de midi! Des Paravers m'offrent des oranges vertes et des pamplemousses. Je donne une médaille à un enfant. Aussitôt cent yeux brillent; des mains se tendent, petites et grandes. Swami! Swami! Oh! ces regards pleins de demandes! Oh! les jolis sourires, et quel dangereux assaut m'attire mon imprudence!

II. — ADEIKALABOURAM. LA CITÉ DU REFUGE

— « Vous sentez-vous la force de repartir demain? Quarante milles nous séparent d'Adeikalabouram, et il les faudra franchir en une journée. »

— « Assurément! » — De bonne heure, nous voilà en vandi, suivant, toute la matinée, la route qui mène à la pagode de Trichendour. Nous croisons des païens qui nous saluent parfois avec respect, des musulmans à la figure provocatrice, des brahmes au regard faux.

Des pulléars, des lingams de pierre blanche, annelés de barres rouges, se dressent sur le chemin. Quelques villages chrétiens sont ravis de cette visite inopinée d'un pangouswami. Ils seraient si heureux d'en avoir toujours un! Ils le mériteraient tant! Dans un fourré de palmiers s'élève une petite chapelle blanche qui ne contient pas trente personnes et qui sert à cent chrétiens. C'est Strivaigundam, un pèlerinage fameux, où, le jour de saint Jacques, quatre mille pèlerins se réunissent. Tandis que nos bœufs se reposent et que nous nous garantissons nous-mêmes contre le soleil, un courrier nous vient annoncer la mort d'un des vétérans de la mission, le P. Morel, préfet des études depuis vingt-cinq ans au collège Saint-Joseph.

Quand une poignée d'hommes défend désespérément une place, chaque vide ouvert dans leurs rangs consterne les survivants. « Quoi! Morel swami, mort! disent les chrétiens attristés. Mais c'est le quatrième de l'année! » Ils savent, eux, quelle force c'est que quatre prêtres au Maduré.

Tout tristes, nous remontons en vandi et prenons une route étroite qui serpente dans les palmeraies. Les villages se succèdent dans la lande mélancolique. Souvent, devant le village, un grand arbre se dresse sur un tertre muré. C'est un *arassa màram*, dans lequel une consécration spéciale a fait descendre Vichnou. L'arbre-dieu est souvent marié à un margousier dont le tronc est tordu autour du sien. Le mariage est authentique; on l'a célébré avec tout le rite du formulaire brahmanique.

Un grand bourg, Alvartinnevelly, tout païen. Chaque maison est précédée d'un pagodin. Par la porte ouverte, on y aperçoit un affreux pulléar huilé, des fleurs et quelques lampes fumeuses à ses pieds. Ce bourg est tout à Siva.

Nos bœufs trottinent sur la terre rouge. Le jour baisse. Les fûts sombres des palmiers barrent l'horizon, d'abord en feu, puis d'un rose, puis d'un vert très doux. Le chemin traverse de jolies rizières. Le jour s'éteint dans une paix divine.

Adeikalabouram n'est pas loin. Un désert de sable le précède, puis une forêt de palmiers. Tout à coup, dans la nuit, s'élève un gazouillis de voix joyeuses, puis, en chœur, éclate le grand salut *Swami sarvesurenuku tòstram!* Une sautillante escorte de petits Sanars nous entoure. On élève deux lanternes pour bien éclairer nos figures. Chacun nous contemple, les yeux écarquillés, les mains jointes, et si heureux quand notre regard rencontre le sien, et lui répond!

Un missionnaire, le P. Bossan, avait, en 1854, obtenu du gouvernement un terrain sablonneux près de la côte, à Alantaley. Il avait réuni quelques enfants païens, achetés. Accusé par les protestants de vol d'enfants, il avait triomphé de cette première attaque, grâce à l'équité du gouvernement de Madras. Chassé d'Alantaley par l'insalubrité du climat, il avait acheté, à quelques milles au nord, une vaste lande déserte, repaire de

INTÉRIEUR DE LA CHAPELLE

chacals et de serpents. Il en fit la cité du refuge, Adeikalabouram.

Grâce au P. Bossan, mort en 1875, grâce à son successeur, le P. Buisson, mort en 1890, le désert d'Adeikalabouram a fleuri. Trois cents acres de lande aride portent aujourd'hui un millier de cocotiers, huit mille palmiers, des grenadiers, un jardin fruitier. Cent neuf acres de rizières dispersés dans un rayon de dix milles, ont encore été acquis à l'orphelinat. A la place des paillotes toujours exposées aux incendies, Adeikalabouram possède, depuis quelques années, des bâtiments solides comprenant deux orphelinats, un refuge, des écoles, des hôpitaux, un asile, des parcs à bœufs... Treize religieuses indigènes s'occupent des orphelins et du refuge; six *sanyassis*, ou oblats, dirigent les garçons. A la tête des sanyassis, est un ancien disciple du P. Bossan, qui s'intitule et qu'on appelle *Préfet* de l'orphelinat. On le nomme communément *Sinaïa* (le petit monsieur), par opposition à son prédécesseur *Périaaïa* (le grand monsieur). Sinaïa est le surveillant, le médecin, le père et le correcteur des orphelins. Il sait châtier rudement les plus grands, et consoler doucement les petits. Tout lui est permis, car il est le père de chacun.

Près de l'orphelinat s'élève un village, composé des familles d'anciens orphelins. Quand ils ont dix-huit ou vingt ans, on marie les enfants. On leur donne les petites sommes, qui, depuis leur enfance, ont constitué leur récompense mensuelle; on y ajoute dix-neuf *roupies* : c'est leur dot. Ils peuvent partir, ou élever leur paillote auprès de celles de leurs aînés. Ils préfèrent généralement rester à l'ombre d'Adeikalabouram.

Chaque jour, les enfants se lèvent à quatre heures et demie. Ils vont à la messe, et, à six heures, ils partent pour le travail. Les chars d'abord, puis les laboureurs. Ceux-ci portent sur leur tête leur charrue démontée. D'autres suivent, le hoyau sur l'épaule. Les arroseurs ont à la main leur corbeille de palmier. Aux premières lueurs du jour ils sortent en chantant. De leur côté, les filles vont aux rizières, conduites par deux ou trois religieuses.

La ruche est bientôt à l'œuvre. Les cultivateurs des palmiers ont déjà grimpé au sommet de leur arbre. Ils renouvellent les incisions des branches, versent les pots remplis du jus de palmes dans un panier

NOS ORPHELINS

qu'ils portent à la ceinture. Ce jus, mis dans des pots enduits de chaux, formera une boisson un peu nauséabonde, mais fort rafraîchissante. Si la chaux n'empêchait la fermentation, l'eau de palme deviendrait du *callou*, liqueur enivrante, passion des parias et de quelques sanars.

Les arroseurs ont suspendu leur corbeille à deux cordes, qu'ils balancent au-dessus d'un bassin. La corbeille, en passant, se remplit, puis se déverse dans un conduit. Rien de plus gracieux que cet exercice, rien de plus pittoresque que ce genre de norias.

Personne n'est inoccupé. Les plus petits vont aux fagots, ou tassent des pierres, ou portent du sable. A huit heures, on sonne pour le déjeuner, puis le travail reprend jusqu'à midi. Le dîner est suivi d'une récréation. Alors on joue, on chante, on se roule dans le sable, exempt de souci et de peine. Puis l'école s'ouvre. A six heures et demie, le travail manuel recommence jusqu'à huit heures et demie.

Dans les prisons même, le gouvernement doit tenir compte des castes. Chaque caste de prisonniers a son cuisinier spécial. A l'orphelinat, les enfants sont, à table, groupés aussi suivant leurs castes : la caste ne paraît que là. Mais la table, c'est le sol d'une varangue ; la nourriture, c'est le riz, auquel, comme friandise, on ajoute quelquefois du sucre noir. Quatre ou cinq fois par an, on sert du poisson ou de la viande, jamais de vin. A la saison des pluies, les orphelins couchent dans une salle, sinon, ils dorment sous la varangue, ce qui simplifie singulièrement l'aménagement d'Adeikalabouram.

Évidemment, à la tête d'une pareille œuvre, qui entretient ou gouverne douze cents personnes, il faudrait plusieurs missionnaires. Or deux prêtres la dirigent : un vieux Père indien, septuagénaire, et un français, le P. Mengelle, héritier du dévouement du P. Bossan, mais presque mourant lui-même. « Depuis dix mois, me disait-il, je mets sans cesse mes enfants en neuvaine, afin que Dieu m'envoie un successeur, puis me permette de mourir. Dieu ne me prend pas, et ne m'envoie personne. »

Adeikalabouram reçoit chaque année une généreuse allocation de l'œuvre de la Sainte-Enfance, environ huit mille roupies. Le travail des enfants, le produit des palmiers et des rizières achèvent de lui fournir le strict nécessaire. Mais l'or, comme la pluie, produit dans l'Inde des merveilles. Une seule pluie donne une moisson ; une fondation de 200.000 francs permettrait de recevoir à Adeikalabouram trois cents orphelins, et d'ouvrir, encore plus larges, les portes du refuge ou de l'hopital aux indicibles misères qui y viennent frapper.

Non loin de notre refuge, les protestants possèdent, dans le Tinnevelly, un orphelinat appelé Nazareth. A sa tête est un homme célèbre dans la présidence de Madras, le Révérend Margoschis. Ritualiste zélé, M. Margoschis est plein de respect pour les catholiques. Il les imite, porte une soutane blanche semblable à la leur. Son église ressemble aux nôtres ; on y honore la sainte Vierge. M. Margoschis dit la messe et entend les confessions. Comme on lui demandait quel cas il faisait du récent concile de Londres, qui a proscrit ces idolâtries, M. Margoschis a répondu qu'au-dessus de lui il ne reconnaissait que Jésus-Christ. Nazareth possède un hôpital et une école d'arts et métiers, et tout est défrayé par le gouvernement.

D'Adeikalabouram, comme de tous les postes de la mission, je suis parti le cœur serré, comprenant mieux la parole du Sauveur, quand il montrait à ses apôtres, la moisson blanche de Samarie. A ces âmes, que glanera le démon, si des mains pures ne les cueillent, je demandais à Dieu d'envoyer des apôtres.

III. — SATANKOULAM. LES RÊVES D'UN PANGOUSWAMI

Le nid joyeux et pur d'Adeikalabouram est entouré de deux gros bourgs mauvais, Kayalpatnam, ville musulmane, où l'on nous conseille de ne pas même passer, et Trichendour, cité brahmanique, très célèbre, très riche, très impure.

La haute et massive gopoura de Trichendour domine le promontoire; on l'aperçoit de plusieurs milles à la ronde. La pagode est dédiée à Subramaniam, fils de Siva. A Trichendour il s'était uni à une paraverte, et il règne depuis, sur le large, donnant à son gré bonne ou mauvaise pêche.

Trichendour est, avec Ramesouram, le plus grand pèlerinage du Sud. On s'y rend surtout à la pleine lune d'avril. Tous les vendredis d'ailleurs, surtout le premier vendredi du mois, une foule de pénitents y accourt, même de Bénarès. La musique des villages sort pour les recevoir. Tous les *tchattrams* leur sont ouverts. Ils chantent, et les aumônes pleuvent.

Nous contournons le vert fourré qui enserre la gopoura. A sa lisière, on aperçoit une ligne de pagodins blancs, que les cocotiers caressent de leurs franges vertes. Un groupe de femmes en sort; elles portent le silé jaune des bayadères et des grappes de jasmin blanc dans les cheveux.

EN PALANQUIN

Dans le sable,

les bœufs piétinent sans avancer; il faut monter en palanquin, boîte fermée, suspendue à un long bambou.

Quatre porteurs, placés à la file, appuient le bambou en équilibre instable, non sur leur épaule, mais sur leur tête. S'ils courent, surtout sans rompre le pas, le voyageur est au supplice. Il saute sur son siège en bois, comme un cavalier novice sur un mauvais trotteur. Le *filanjana* malgache serait plus doux, mais l'emploi en est impossible, car il ne garantit pas du soleil. Moulus par les cahots du palanquin, nous nous étendons enfin dans un vandi, et traversons des champs de terre rouge, entourés de palmiers et de banians.

A un mille de Satankoulam, quelques enfants nous abordent : c'est l'avant-garde. L'armée la suit de près. Sous un banian, qui couvre tout un champ, des hommes nous attendent. Ce sont des musiciens : une grosse caisse, deux tambours, une clarinette, un piston, un trombone. Ils attaquent les premières mesures, — les seules qu'ils sachent, — de la marche de *la Victoire* de Haendel : *Voici le vainqueur qui s'avance!* Elle sert à toutes les situations. Nos bœufs s'ébrouent; on les contient. La foule augmente. Ils sont bien trois cents. A n'en point douter, c'est un triomphe qui s'apprête. Allons-y!

Nous traversons le quartier païen; nous passons devant le temple protestant. On allume, et l'on porte sous notre nez, des torches piquées à des tridents. La poussière du chemin et la fumée des torches nous suffoquent; la fanfare, sur un rythme affolé, répète aux échos : *Voici le vainqueur qui s'avance!*

Par la porte entr'ouverte de l'église, je vois l'autel illuminé. La fête du pangou aura lieu dimanche prochain, et l'on s'y prépare par une neuvaine. Je donne la bénédiction du saint Sacrement, puis la foule nous laisse, et, jusqu'à minuit, troublés seulement par le rire convulsif des hulottes, nous causons, mon hôte et moi, de ses travaux, de ses luttes, de ses rêves, de la France.

Autour de ce bourg de Satankoulam, la pangou s'étend, dans un rayon de quinze milles. Sa population est de quarante mille âmes, dont quatorze mille sont catholiques. Satankoulam même contient six mille habitants, dont quinze cents sont musulmans, cent cinquante protestants, trois cent cinquante catholiques; le reste est païen. Le pangou-

ÉGLISE DE CALLICOULAM

swami de Satankoulam, assisté d'un vicaire, administre cent quinze villages, dont quarante seulement ont des chapelles, simples huttes pour la plupart. Chacun des deux missionnaires visite tout ce pangou deux fois par an. Ils sont en course deux cents jours chaque année.

De 1851 à 1895, Satankoulam eut, pour pangouswami, un missionnaire admirable, le P. Denis Guchen. Les médecins d'Europe hésitaient, en 1851, à le laisser partir pour l'Inde. Ils le disaient poitrinaire. Pendant quarante ans, le poitrinaire a sillonné son pangou, abhorré des protestants, convertissant des villages entiers, et ne songeant jamais à remplacer la hutte qui lui servait de logis, ni le hangar couvert de feuilles qu'il appelait son église.

Le successeur du P. Guchen a remplacé le hangar par une assez belle chapelle en brique qu'il ne peut malheureusement pas finir. Dans cinq villages importants il projette de bâtir des chapelles, autour desquelles se réuniraient bientôt des chrétientés importantes. Il me donne des chiffres. Il me montre ces populations de Sanars s'acheminant vers la foi, et arrêtées seulement par la disette de missionnaires. Il me confie enfin son projet le plus cher.

« Vous connaissez, me dit-il, le bien que, dans le Velay, mon pays, ont fait jadis, et font encore, *les Béates*. Ces bonnes filles, dirigées par les religieuses de l'Instruction, tiennent, dans les villages, des assemblées, soignent les malades, commandent aux plus récalcitrants. Je veux, à Satankoulam, introduire les Béates de mon pays. Les religieuses de l'Instruction seront remplacées par nos religieuses indigènes de Sainte-Anne, qui vont avoir un couvent ici. Quant à mes Béates, le premier noyau existe. La fondatrice s'appelle Anna-Maria. Les parents d'Anna-Maria étaient des païens, convertis par le P. Guchen. Maria avait dix ans quand elle fut baptisée. Elle changea son nom de Lakchmi en celui d'Anna-Maria. Il y a de cela trente-cinq ans.

« Quand elle eut dix-huit ans, Anna-Maria déclara vouloir se consacrer à Dieu. Cette idée singulière émut le pays. On se moqua beaucoup d'Anna-Maria. Celle-ci tint bon. Elle baptisait beaucoup d'enfants moribonds. Elle était si affable, que les musulmans la laissaient pénétrer chez eux.

« Anna-Maria cherchait des compagnes. Une de ses sœurs et deux amies furent ses premières conquêtes. Toutes ensemble réunissaient les enfants pour la prière et le catéchisme, parcouraient les villages et baptisaient les moribonds. L'influence des jeunes apôtres se fit bientôt sentir. Les confessions furent plus fréquentes ; l'apostolat de la prière fut établi. Aucun homme ne résistait à Anna-Maria. Elle allait les prendre chez eux, les conduisait à confesse. Au temps du choléra, les compagnes d'Anna-Maria devenaient Sœurs de charité. Alors que tous les hommes étaient terrifiés, elles visitaient les malades, les assistaient jusqu'au dernier moment, les ensevelissaient.

« Durant le choléra de 1889, Anna-Maria avait partagé Satankoulam en divers quartiers. Chacune de ses compagnes avait le sien, dont elle était l'ange. Une mendiante était un jour tombée en pleine rue. Anna l'installe dans une masure déserte, et la soigne. La mendiante meurt ; personne ne veut l'enterrer. Anna obtient d'un pauvre qu'il creuse une fosse. Puis, ses amies et elles, chargent le corps sur leurs épaules. Trois de ces héroïques enfants furent frappées du choléra. Une en mourut. Toute la contrée accourut à ses funérailles.

« Chaque matin, les vierges vont à la chasse des petites âmes.

ÉCOLE DES FILLES A MANAPAD

Arrivées près d'un village, elles s'arrêtent, font causer les femmes, parlent de leur compétence médicale, demandent à voir les enfants malades. Elles les soignent, et, s'ils sont perdus, les baptisent. Presque partout, dès qu'on voit les bonnes guérisseuses, on leur porte les enfants.

« Parfois aussi, on les accueille mal. On leur refuse toute aumône ; on les chasse. Un jour, elles furent poursuivies à coups de pierre par des païens furieux. Mais peu après, la mort frappait leurs agresseurs. Quand elles revinrent dans ce village, on les reçut avec vénération.

« Ici, à Satankoulam, les femmes musulmanes elles-mêmes leur portent leurs enfants. Elles ne viendraient pas chez moi. Elles vont avec confiance chez les vierges. Elles causent avec elles, les respectent, les aiment.

« Dans leurs écoles, elles ont beaucoup d'enfants païennes. Les enfants, qui fuyaient jadis l'approche du prêtre, viennent à lui et le saluent. Une petite païenne me demandait un jour une médaille, et j'allais la donner. « Pas à celle-là, Swami, me dit la vierge, elle est païenne. » — « Donnez, Swami, donnez quand même, interrompit l'enfant. Cela me fera venir à vous. D'ailleurs, ne craignez pas que je profane cette médaille, ce serait un péché. » — « Mais tes parents qu'en feront-ils ? » — « Ils ne la verront pas. Puis ils ne voudront pas me faire pleurer en me l'enlevant. Du reste, Swami, convertissez mes parents. Ils ne m'enlèveront plus mes médailles. »

« Les vierges doivent combattre pour répondre à leur vocation sublime. L'une d'elles, Mariammei, ayant déclaré sa résolution de se donner à Dieu, fut saisie par sa famille, arrêtée, battue, abreuvée de philtres. La lutte dura deux mois. L'enfant put s'échapper ; mais, traquée par sa famille, elle dut longtemps déployer contre les siens une énergie de fer.

« Cette énergie leur sert à défendre les âmes. Récemment, une jeune païenne se mourait. Les vierges l'avaient chapitrée jadis sans succès, mais les avertissements anciens revinrent à la mémoire de la mourante ; elle demanda le Père. Son mari, païen forcené, lui répondit par une injure. Une voisine avertit la vierge. Celle-ci se rend chez la malade, s'assure de ses dispositions, puis, déclare fermement au mari que le Swami va venir, qu'il faut être poli envers lui. Le païen veut discuter. « Il ne s'agit pas de discuter, répond la vierge. Je vais chercher le Swami pour baptiser ta femme. » — J'hésitais à la suivre. « Ne craignez rien, me dit-elle, je réponds de tout. »

« Le païen s'était assis sur le seuil de sa porte, résolu à barrer le passage. D'une enjambée, la vierge est dans la hutte, et, d'un ton ferme : « Laissez passer le Swami », dit-elle au païen. Confus, celui-ci se lève, « Ou plutôt, allez-vous-en, ajoute en riant la Béate ; nous serons plus tranquilles. »

« Un jour, Anna-Maria avait placé dans l'église un tronc pour ses œuvres. Les notables de Satankoulam allaient l'enlever. Anna-Maria, avertie, va se placer devant. « En Angleterre, s'écrie-t-elle, c'est une femme qui est reine ; eh bien, à Satankoulam c'est la même chose, et la reine c'est moi ! Osez maintenant toucher à ce tronc ! » Depuis ce jour, Anna-Maria est surnommée *Rakini*, la reine.

« Mes baptiseuses donnent environ trois cents baptêmes par mois aux enfants moribonds. Elles feront bien plus, quand elles auront quelques pharmacies, quelques hôpitaux. Je n'estime aucune œuvre plus utile que celle des Béates indiennes, pas même l'œuvre des catéchistes. Mais il faut faire vivre mes Béates. Quarante ou cinquante francs par an leur suffiraient. J'ai à peine de quoi soutenir vingt Béates, et je voudrais, et je pourrais en avoir trois cents. Naguère, deux excellentes chrétiennes s'offraient à moi. Ne pouvant les nourrir, je les renvoyais. Elles m'ont demandé la permission de quêter dans le bourg. Mais qu'obtiendront-elles d'un pays en proie à la famine? »

J'écoutais ce récit les larmes aux yeux. Dans les écoles et les orphelinats de la mission, j'avais déjà vu à l'œuvre les religieuses indigènes de Sainte-Anne et de Notre-Dame-des-Sept-Douleurs. Définitivement organisées en 1876, ces deux congrégations comptent aujourd'hui plus de trois cents membres répartis dans le diocèse. Elles vivent de peu, elles travaillent beaucoup, elles sont apôtres, et la vie religieuse que le Maduré, même chrétien, ne concevait pas pour les femmes, elles l'ont rendue respectable aux païens. Mais en dehors des religieuses, j'étais heureux de voir les femmes tamoules capables de ce dévouement qui fait l'honneur des femmes françaises.

ÉLÈVES DES SŒURS A PATNAM

On médit beaucoup de la femme hindoue, et, quand on en parle, on exagère tout, même ses malheurs. Parce que la veuve, et surtout la veuve sans enfants, est réduite, dans l'Inde païenne, à une condition pire que la mort, on peint toutes les femmes comme des victimes : on a tort. La femme hindoue n'est pas du tout recluse dans son foyer. Elle en sort, comme fait l'européenne. Elle n'y est point esclave. Elle en est l'intendante respectée et libre. Elle mange après son mari et ses fils, mais aucune n'estime cet usage humiliant. Il a été amené par les nécessités du service, ou par des raisons de convenance. On ne consulte pas la jeune fille pour la marier, on ne consulte pas davantage l'homme. La femme vénère son mari. Jamais elle ne prononce son nom. Lui demander comment s'appelle ce mari, serait la jeter dans l'embarras, et elle-même ne répondra point. Mais, en dépit de ce culte d'étiquette, les Chrysale ne sont point rares dans l'Inde, et bien des femmes y font marcher leur homme à la baguette.

La femme indienne — la veuve exceptée — n'est donc pas plus malheureuse que ne l'était la femme grecque. Elle ne connaît point les hontes du harem. Elle est bonne mère de famille. Mais son horizon moral est borné. Son ciel est bas, et, forcément, elle roule, elle aussi, dans le flot boueux de la vie païenne.

Qui lui apprendrait à y résister ? Ce ne sera ni l'exemple des bayadères et des nautchnis, ni l'histoire de ses divinités. Dans le district de Dindigul, à Tadikombou, j'ai visité une pagode dédiée à une pariate dont l'inconduite scandaleuse était telle, qu'en conseil de famille, elle fut mise à mort par son mari et par son père. La voilà déesse ! De Tadikombou, l'on aperçoit les gopouras de Vandiama où l'on honore une femme pali, qui, après une vie pitoyable, s'était noyée dans un étang. Trente-cinq milles plus loin, la splendide pagode de Palany rappelle le souvenir d'un pénitent, Palany andaver, auquel deux mille ans de débauche ont valu l'apothéose. Les jolies histoires ! Quelle soif de pureté elles doivent allumer dans les âmes candides, et comme il avait donc raison ce professeur de l'École libre des sciences morales et politiques de Paris, qui nous démontrait un jour que le brahmanisme est une religion idéale et pure !

LA COTE PRÈS D'ÉDINDAGAREY

CHAPITRE XI

LA COTE DORÉE

TUTICORIN. — *Tonis* ET *Catimarams*. — PATNAM. MANAPAD, LA VILLE BLANCHE. — COUTAPOULY ET LE CAP COMORIN. — DANS LE TRAVANCORE. — LES NAÏRS. — COTTAR. — UN MARTYR INDIEN.

De la pointe d'Adam au cap Comorin, s'étend la Côte de la Pêcherie. Elle est basse, dorée, frangée de cocotiers, sans écueils, sans falaises, ravagée quelquefois par des cyclones inopinés ou par les vents de la mousson. Les Paravers — environ cinquante mille — sont pêcheurs ou marchands, toujours catholiques. Ils ressemblent à leur plage : doux comme elle, quand souffle le vent du schisme, ils sont mobiles comme ses dunes.

Très fins, généreux, ouverts, ils excellent à recevoir un hôte, et, comme ils ont une foi profonde, ils accueillent avec d'incomparables élans ceux qui leur viennent au nom de Dieu.

François-Xavier avait compris les Paravers; il les aimait. Aujourd'hui s'ils avaient, pour les former, assez de Swamis, les Paravers ressembleraient aux plus fervents chrétiens d'Europe. Mais, en longeant leur côte, souvent j'ai vu de gros villages aux églises neuves et qui manquaient de missionnaires. S'ils apercevaient, sur la dune, glisser mon palanquin, ils accouraient me dire leur abandon : « Swami, nous avons bâti deux églises et une maison pour le Père. Nous le nourririons. Nous serions sa famille. Voyez comme notre bourg est grand. Notre église est notre amour, et vous passiez sans vous arrêter ! »

Dans aucune ville au monde la semaine sainte n'est peut-être mieux célébrée qu'à Tuticorin. Tous les chrétiens des environs s'y réunissent. Ils campent autour de l'église, en plein air, assidus, le jour, aux offices, contemplant, la nuit, les scènes de la Passion.

La nuit du vendredi saint, on détache le Sauveur de la croix. Les chrétiens le reçoivent, le déposent sur un lit de parade que soulèvent vingt hommes des plus qualifiés. Chacun, jusqu'aux petits enfants, tient un cierge allumé. Des femmes suivent le cortège en se traînant sur leurs genoux. Toutes ont dépouillé leurs bijoux. Les hommes sont en habits de deuil.

Depuis plus de douze ans, à Tuticorin, on prêche annuellement aux chrétiens une retraite de huit jours. Dans l'enclos de la mission, on dresse quelques rangées de paillotes. Ce seront les cellules des retraitants. Ils obéissent aux signaux donnés par l'un d'entre eux. De ces huit jours de ferveur ils emportent des principes et du courage.

*
* *

Nos bœufs avancent difficilement dans le sable de la côte. Pour exciter son attelage, notre vandikarer frappe ses bœufs de son talon, il les fouette, leur tord la queue; en désespoir de cause, il mord dedans.

Sur la plage gisent les *Catimarams* (bâteaux de pêche) formés de trois troncs de *vembou*, liés ensemble. Deux hommes les montent. L'un pêche, accroupi à l'avant. L'autre, debout à l'arrière, manœuvre à la pagaie. Quand ils passent, silhouettes noires, devant l'horizon en feu,

UN CATIMARAM

leur radeau noyé dans les flots, on les prendrait pour les génies des eaux courant à la cime des vagues.

Les tonis, aux voiles triangulaires, se balancent au large. Près de nous des pêcheurs lavent des turbots aux reflets de nacre. Des bouquets de cocotiers émaillent le sable d'or. D'un fourré de palmiers se détache la tour blanche de l'église de Patnam, contemporaine de saint François-Xavier. Les confrères du Saint-Sacrement nous attendent. Sur une robe blanche, ils portent des mosettes de soie ponceau. Un cercle d'argent les couronne. On les prendrait pour un sénat de princes. Les enfants sont coiffés d'une toque plate en velours ou en soie. Les fillettes ploient sous une charge de colliers d'or d'où pendent quelques pièces françaises de 100 francs.

Elles nous invitent à visiter leur école. Une d'elles me passe au cou une guirlande de jasmins, m'offre un citron, gage d'hospitalité, puis me lit, en le modulant fraîchement, un joli compliment tamoul.

* * *

Le sable rouge scintille comme de la poussière de rubis. Le flot y meurt sans secousses, brodant d'écume d'argent le bleu tissu des vagues.

La brise de la mousson tempère l'ardente chaleur. Les bœufs blancs cheminent lentement.

Au loin s'élève un promontoire doré que domine une église et de grandes croix noires; en avant, sur une anse gracieuse, un épais fourré de cocotiers très verts et de tulipiers, d'où émergent des campaniles et quelques toits en tuiles rouges : c'est Manapad, la ville blanche.

Une nuée d'enfants fond sur notre vandi. Quelques-uns, par suite d'un vœu fait à saint Antoine, ont la tête rasée en couronne, à la façon des moines. Aux portes des maisons blanches marquées d'une croix, de bonnes figures nous sourient, des mains se joignent, des fronts s'inclinent. Voici les écoles des garçons et des filles, neuves et blanches, voilées de larges rideaux de bougainvillias en fleurs. A l'une des extrémités de la grande place carrée, s'élève l'église, en style espagnol, éblouissante de blancheur.

Le pangouswami de Manapad est populaire : une rue porte déjà son nom : *Lassus road*. Quand il est arrivé, il y a quinze ans, Manapad était composé de masures sales. Il a déblayé sa cour envahie par le sable; autour de sa maison, il a conquis sur la dune un vaste terrain, d'où a jailli un merveilleux jardin. Crotons et citronniers, papayers et grenadiers, pamplemousses, goyaviers, s'y épanouissent. Une tonnelle de vigne y donne deux récoltes par an. Le jardin du P. Lassus est l'oasis de Manapad, comme Manapad est l'oasis de la Côte Dorée. En 1898, le Swami ouvrait un dispensaire, chargé d'offrir soins et remèdes gratuits à tout venant, de quelque caste, de quelque religion qu'il fût. Il a restauré ses églises; il a creusé des puits; il a appris à ses chrétiens à bâtir de jolies maisons blanches. Il n'a encore oublié que de refaire la sienne. Quand il sort, la rue s'emplit d'enfants qui le suivent, et de bonnes gens qui lui sourient.

A l'ouest de Manapad, l'église de la Sainte-Croix couronne le promontoire. Le 14 septembre, tous les Paravers de la côte s'y donnent rendez-vous, pour fêter l'insigne relique de la vraie Croix, envoyée à Manapad en 1600 par le P. Acquaviva. La colline alors s'embrase, et, dans la nuit, des chœurs se répondent sans fin, accompagnés en sourdine par le grondement des flots.

A l'extrémité du promontoire, le dernier rocher de la côte forme

MANAPAD : ÉGLISE SAINT-JACQUES

une grotte naturelle fermée par une étroite ouverture. L'écume des vagues en mouille le seuil. De cette retraite, le jour, l'œil n'aperçoit que les flots, et, la nuit, que la croix australe allumée dans le ciel. Saint François-Xavier aimait à se retirer dans cette grotte. « Souvent je m'ennuie de vivre », écrivait-il de Manapad, le 8 novembre 1544. « Pour vous découvrir tout le fond de mon âme, ajoutait-il deux jours après, j'éprouve un tel déplaisir de l'existence que je me sens attiré par les dangers même qui en effraient d'autres. »

Quand il était trop las de ces luttes de la vie, Xavier venait chercher ici l'oubli des laideurs humaines. Et à la même heure peut-être, à Rome, sur une étroite terrasse, son ami et son père, Ignace, s'attardait à contempler les étoiles, et quand il redescendait de son rêve idéal il disait : « Que la terre me dégoûte quand je regarde le ciel ! »

* * *

Reprenons sur le sable notre marche monotone. Trente milles nous séparent du cap Comorin. Devant la ligne de rochers qu'effrite la marée haute, nous suivons la bande de sable que la nuit a jonchée de coquillages, ou bien nous pénétrons dans le fourré d'*acacia arabica*, l'arbre à épines, qui couronne la dune. Mais nos bœufs s'en-

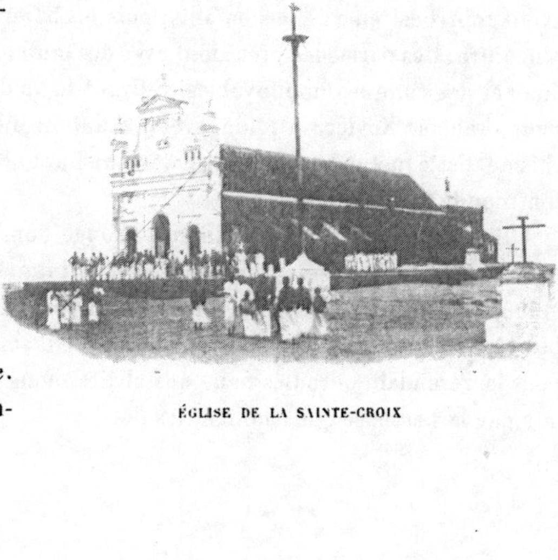

ÉGLISE DE LA SAINTE-CROIX

LA GROTTE DE SAINT FRANÇOIS-XAVIER

foncent dans le sable et s'irritent sous les épines : il faut monter en palanquin. Sans bruit, les porteurs glissent sur la plage, criant, pour s'entraîner, leur *ô ô, àvô ô* rythmé par le va-et-vient des flots.

Nous traversons de gros bourgs chrétiens. Le dernier village de la côte relevant du *british rule* est Coutapouly. Dès que le vandi que nous avons repris est en vue, les enfants, puis les hommes, viennent à notre rencontre. Des parias les précèdent avec des tambours retentissants, des fifres et des conques impitoyables. Suivant le vieil usage introduit par saint François-Xavier, la foule, groupée autour du char, récite le catéchisme. Cette méthode permet au Swami visitant ses villages d'examiner son monde en plein air.

Il est tard. Sur le sable brillant s'allonge l'ombre indécise des catimarams. Les cocotiers versent sur eux leurs branches sombres. Jusqu'à la lune, qui monte à l'horizon, s'ouvre sur l'Océan un sillage de lumière. Les pêcheurs rentrent dans leurs paillotes. Tout se tait. La brise fraîchit. Sous la vérandah, enroulés dans nos châles, nous nous laissons endormir par la berceuse que chantent les flots.

UN TONI

*
* *

Trois heures de marche conduisent de Coutapouly au cap Comorin. Les derniers sommets des Cardamomes avancent dans la plaine leur masse bleue aux cimes déchiquetées. La terre se hérisse de cactus et d'aloës. Elle se parfume de lauriers-rose. Voici les ruines d'une forteresse à la Vauban, bâtie, au siècle dernier, par un officier français à la solde du rajah de Travancore, Eustache de Lanoy. Il n'en reste plus que de massives murailles crénelées, et, sous un large chemin de ronde, des casemates assez vastes pour abriter une garnison. Un fouillis de lianes emplit la cour; la nuit, les chacals y glapissent : seuls, des voyageurs perdus y gîtent. La lande, très triste, piquée de palmiers, entoure la forteresse, qui, du côté de l'Océan, plonge sur les flots.

Une muraille fortifiée, longue de plusieurs milles, reliait jadis la forteresse aux montagnes, et fermait ainsi le Travancore aux incursions des Nayakers. La muraille a été démantelée par les Anglais en 1857. On n'en retrouve que des ruines s'échelonnant dans un ravin.

Nous sommes maintenant sur les terres du rajah du Travancore et dans le diocèse de l'évêque de Quilon. Sa fidélité durant la révolte de 1857 a valu au rajah de Travancore, comme à son voisin de Cochin, de conserver sa couronne. Un Résident anglais le surveille d'ailleurs et l'annihile. Le vieux rajah ne songe qu'au bien de ses sujets. Aussi, rien de frais comme ce joli Maléalam. Les routes y sont bien entretenues; les étangs, nombreux et pleins, arrosent de luxuriantes rizières. Partout, des fourrés sombres, sortent les toits rouges des fermes blanches. Tout annonce un pays heureux.

Dans l'immensité bleue, le cap Comorin avance sa proue d'or. Des bâtiments gris, larges et bas, couvrent le promontoire. Une large rue les traverse. Seuls les païens y ont accès. Elle mène à la riche pagode dédiée à la déesse Dourga, la vierge reine des eaux. Près de la pagode se dissimule un pauvre édifice aux toits de feuilles : c'est le palais du rajah. Sur une légère éminence, à l'ouest, flamboie un beau bangalow neuf : c'est la demeure du Résident. Les écuries en sont plus belles que le palais royal.

Le rajah réside à Trivandrum, ville pittoresque où l'on accède par une jolie route, ou bien, en canot, par de longs marigots. Il ne sort guère que pour aller en pèlerinage aux pagodes célèbres. Un long cortège de voitures et d'éléphants le suit alors, et ce sont des laks[1] de roupies qu'il laisse, dans chaque pagode, aux brahmes dont il est le captif. Le rajah n'est point brahme; il est de la caste des Naïrs. Mais, à son intronisation, on le crée brahme en lui faisant traverser le corps d'une vache en or.

PALAIS DU RAJAH DE TRAVANCORE

[1] Un lak représente à peu près 100.000 francs.

LA VALLÉE D'ARAMBOULY (TRAVANCORE)

Cette nativité lui tient lieu d'oupanayana. Les brahmes qui y président se partagent les morceaux de l'animal sacré. Les Naïrs sont polyandres. Jusqu'au milieu du siècle dernier, les femmes gouvernaient de mère en fille. Aujourd'hui ce n'est point le fils du rajah qui hérite du trône, mais son neveu, le fils aîné de sa sœur. Les princesses du sang, comme toutes les femmes Naïrs, épousent un homme de leur caste, mais l'opinion ne leur permettrait pas de vivre avec ces maris honoraires. Les noces finies, l'époux est congédié. Restées maîtresses du logis, les femmes en font les honneurs à qui elles veulent, à des brahmes ordinairement.

Nous laissons cette plage paisible, d'où le regard et le rêve se perdent dans l'infini, et tournant les masses sombres des Cardamomes, dont les sommets se noient dans la lumière, nous gagnons la côte de Malabar.

*
* *

Rien n'est pittoresque comme le versant occidental des Cardamomes. Des sommets, qui planent à quinze cents ou deux mille mètres, le sol descend en gradins, hérissé de splendides forêts, inviolable empire des éléphants et des fauves. La plaine, très arrosée, s'étend jusqu'à de larges marigots qu'une barre, redoutable aux navires, sépare de la mer, et qu'infestent les alligators. Une végétation puissante couvre le sol humide. Dans des fourrés d'aréquiers ou de cocotiers, nichent des villes blanches qui s'enrichissent du commerce des épices.

Non loin de la frontière tamoule, s'élève la ville commerçante et gracieuse de Najercoïl dont Cottar est un faubourg. Saint François-Xavier avait, à Cottar, ressuscité la fille d'un brahme. Depuis, la petite chapelle qui vit prier le saint est devenue le but d'un pèlerinage célèbre. Le nom du saint plane encore sur cette opulente contrée où les Sanars forment d'excellentes chrétientés. Sur la gopoura d'une pagode neuve on me signale, mêlé aux dieux hindous, un personnage qu'on m'assure être François-Xavier lui-même

En face de Cottar s'ouvre, dans la montagne, une brèche par laquelle nous allons rentrer dans le pays tamoul. La vallée qui la forme ressemble à une avenue de géants. Palmiers et rizières en égaient le fond. Des montagnes qui la bornent, souvent les tigres descendent. Il y a quelques mois, devant la hutte où nous passons la nuit, un tigre vint, en pleine matinée, enlever une chèvre.

Au pied d'une avalanche de blocs de granit noir, restes, dirait-on, d'une lutte de dieux, voici quelques paillotes chrétiennes entourant une case blanche surmontée d'une croix : c'est le village d'Arambouly. Ici mourut, au siècle dernier, un martyr indien Tevasagayam Pillay.

De la noble caste des Naïrs, Tevasagayam avait été converti au catholicisme par Eustache de Lanoy. Un missionnaire du Maduré avait achevé son instruction. Tevasagayam occupait un haut grade dans l'armée du rajah. Son exemple faisait des néophytes. Aussi les brahmes furieux le dénoncèrent-ils au prince qui le condamna à mort. Mais les augures s'opposant à l'exécution du chef Naïr, le rajah, pendant trois années, le livra aux brahmes. Tevasagayam, lié sur un buffle, fut promené par tout le royaume. Chaque jour on le fouettait jusqu'au sang, puis on pansait ses blessures avec du poivre et du piment. Il ne se dérobait pas à ce supplice. Il demandait seulement, tandis qu'il l'endurait, qu'on lui lût la Passion du Sauveur.

ROCHER OU FUT MARTYRISÉ TEVASAGAYAM PILLAY (1742)

Pour voir le martyr, païens et chrétiens forçaient les cachots de Trivandrum, ou accouraient dans les solitudes les plus écartées. On parlait de miracles opérés par le captif. Son héroïsme bouleversait les âmes. Alors, exaspéré, le rajah le fit conduire dans cette grande vallée d'Arambouly, et, le 14 janvier 1742, sur un rocher noir, aujourd'hui surmonté d'une croix, on l'abattit à coups de mousquet.

Tevasagayam est le héros du Travancore et du Maduré. Son martyre est le sujet préféré des drames chrétiens. Sa place serait sur les autels. Mais les malheurs du siècle dernier ont trop dispersé les éléments d'un procès de canonisation pour qu'on puisse espérer les réunir jamais.

Le vent s'engouffre dans la brèche de Cottar. Nous repassons la muraille démantelée qui ferme le Travancore, et nous regagnons l'Inde tamoule. « British rule ! » me fait dédaigneusement mon vandikarer, en me montrant le sol défoncé du pays anglais, si différent des jolies routes du Travancore. Il a raison, et les Anglais sont pratiques. Ils entretiennent les chemins qui bordent leurs *cantonments ;* ils soignent aussi beaucoup, dans la montagne, les avenues sablées qui longent leurs bangalows de plaisance. Mais ils négligent les terres où jamais gentleman ne circulera, où l'Indien est seul à passer. Après tout, l'Inde est une colonie d'exploitation, et le secret, pour bien exploiter, est évidemment de peu dépenser et de beaucoup gagner.

CHAPITRE XII

LE MARAVA

Un zémindarat. — La batterie des hommes sans peur. — Idéicatour : le P. Ferdinand Celle. — Les Odéages. — Les ouranis. — Pagodes et chapelles. — Le martyr Jean de Britto. — Oréiour.

Un triangle isocèle dont la pointe s'appuierait sur Madura, dont la côte est formerait la base, et que le fleuve du Vaïkai, parti de son sommet, séparerait en deux parties égales, couvrirait le Marava.

Politiquement, le Marava se divise en deux principautés : le royaume de Ramnad et le zémindarat de Sivaguingué. Jusqu'à la conquête anglaise, rajah et zémindar étaient perpétuellement en guerre entre eux ou avec leurs voisins de Madura et de Tanjore. Le derniers zémindars de Sivaguingué est mort brûlé par le brandy et le wisky, deux liqueurs entre lesquelles il oscillait tout le jour. Son successeur est un enfant. Le maharajah de Ramnad, fier surtout de son titre de *Setoupati*. ou gardien du pont de Rama et du temple de Ramesouram, est un prince sans mœurs, ruiné et méprisé.

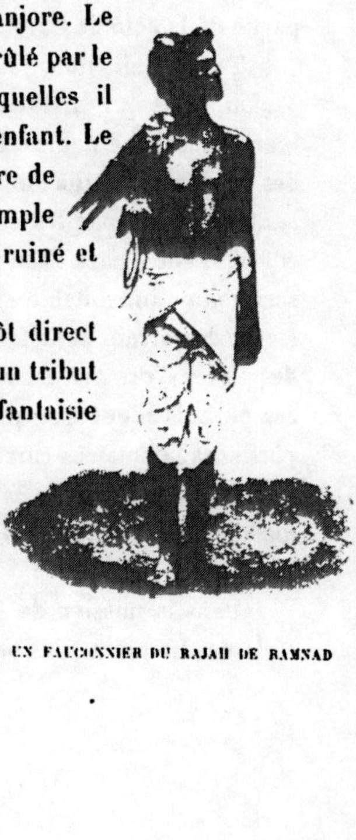

UN FAUCONNIER DU RAJAH DE RAMNAD

Le gouvernement ne prélève aucun impôt direct sur les zémindarats. Il demande aux princes un tribut annuel, et laisse ensuite ceux-ci tondre à leur fantaisie la laine de leurs sujets. Incapables de le faire par eux-mêmes, les zémindars sous-louent généralement leurs domaines à des sortes de fermiers-généraux nommés *lessees*. Le lessee fixe l'impôt, le prélève, donne au prince indien et au collecteur anglais le tribut convenu, et garde le reste. Afin que ce reste soit considérable, le lessee a tout intérêt à pressurer le domaine dont il est le vrai roi.

Le lessee de Sivaguingué est un Anglais, M. Orr, à peine âgé de vingt-huit ans. M. Orr administre aussi plusieurs autres zémindarats avec un sang-froid, une entente des affaires, un bon sens, dont il devrait donner le secret à beaucoup de nos ministres des Colonies. Il n'est aucunement fonctionnaire. Les Anglais laissent à l'initiative privée ces charges, qui, chez nous, occuperaient des troupes d'agents. Les lessees de Ramnad sont des Tchettis, banquiers indiens, pressureurs impitoyables.

Ce n'est pas la mousson du sud-ouest, la mousson de juin qui apporte la pluie au pays tamoul; c'est celle du nord-est, celle d'octobre. En juin, quand les nuages fondent sur l'Inde, après les horribles chaleurs d'avril et de mai, ils se brisent sur le versant occidental des Ghates, et remontent vers le nord. Seule, une brise rafraîchissante balaie alors l'immense plaine, et, jusqu'en septembre, permet au missionnaire de respirer, le jour, et de ne pas étouffer, la nuit. Mais quand elle parvient dans le Marava, cette brise elle-même est faible et chaude. Aussi cette partie de la côte de Coromandel est-elle la plus torride.

Terre d'alluvion, le Marava est arrosé par un fleuve superbe, le Vaïkai, mais qui, malheureusement, lui arrive épuisé. Les Anglais ont bien, en 1895, détourné le Periyar qui descendait sur le versant ouest des Cardamomes; ils l'ont rejeté dans le Vaïkai. Mais Periyar et Vaïkai sont vite taris par les saignées successives qu'ils subissent dans leur cours. D'autre part, l'eau des puits est salée dans le Marava. Cette région serait donc inhabitable si l'industrie des habitants n'utilisait la pente légère du terrain pour former des milliers d'étangs, d'*ouranis*, où l'eau des pluies d'octobre est retenue par des chaussées en terre. Certains de ces ouranis n'ont que quelques ares de superficie, d'autres mesurent plusieurs kilomètres carrés. Si les ouranis se dessèchent, ou si la pluie tarde à les remplir, la famine et l'épizootie, c'est-à-dire la ruine et la mort, fondent sur le pays.

Dans la mission du Maduré, le Marava fut, de tout temps, la « batterie des hommes sans peur. » Le climat y est plus dur, les ressources

UN GUÉ DANS LE MARAVA

plus rares; les rajahs s'y montraient plus cruels. Le missionnaire Sanyassi du XVIIe siècle, traqué par les païens, vivait dans les maquis d'arbres à épines qui couvraient alors la contrée, fuyant le jour, disputant, la nuit, une clairière aux serpents et aux tigres pour y grouper ses néophytes.

Le Marava mesure près de quinze mille kilomètres carrés. D'un million cinq cent mille habitants, cinquante mille sont catholiques. Ils sont répartis dans onze pangous, confiés chacun à un seul pangouswami. Les castes autochtones sont les Maravers ou soldats, et les Callers ou voleurs. Les anciennes chrétientés composées de fidèles de ces castes n'existent plus. Mais, depuis le siècle dernier, des Odéages ou cultivateurs, venus du nord de Pondichéry, ont émigré dans le Marava et y forment d'excellentes chrétientés.

On me dissuadait de pénétrer dans cette région malsaine. « Point d'eau potable à vous offrir, m'écrivait-on, ni de chemins; mais la dysenterie et la fièvre qui vous guettent. » J'aurais eu honte de fuir des dangers parmi lesquels vivaient mes frères. Je voulais admirer leur courage, m'édifier au spectacle de leurs ferventes églises. Puis, à l'extrémité du Marava, était tombé, en 1693, le martyr Jean de Britto, la gloire de l'Église catholique dans l'Inde méridionale, et je voulais baiser la terre qui avait bu son sang.

*
* *

Une large route, suivant la rive droite du Vaïkai, conduit de Madura à la pagode de Ramesouran où l'Inde entière afflue. Le chemin est ombragé de banians; il côtoie des champs de bétel. Le lit du Vaïkai est complètement sec, mais l'eau filtre par nappes souterraines, et, sur les deux rives, ces courants entretiennent une bande de splendide végétation.

A quelques milles de Madura nous laissons la belle route de Ramesouram, et traversons le fleuve. Nos bœufs s'enfoncent dans le sable rose. Le muffle en terre, ils cherchent l'eau qu'ils sentent. A perte de vue les berges étalent leur immortelle verdure. Des groupes de femmes creusent, dans le sable, des puits de quelques pieds. Dans une flaque d'eau pure nos grands bœufs s'arrêtent. Leur robe est blanche, notre vandi est vert. Une boule de cuivre brille aux cornes des bœufs. Une lumière ardente nous baigne, et engourdit nos âmes éblouies.

Quand le Vaïkai coule à pleins bords, il couvre près d'un mille en largeur, et il est rapide. Si l'on est rajah, on le passe alors à dos d'éléphant. Si non, l'on retourne sur l'eau quatre ou six jarres de terre qui forment cloche. Au dessus, on assujettit quelques planches, puis l'on monte sur ce léger radeau que deux ou quatre nageurs dirigent vers l'autre rive. Quand le missionnaire est passé ainsi, on vient prendre ses effets et son char, puis on pousse ses bœufs à la nage.

Sur la lisière du fourré de cocotiers qui forme la berge du Vaïkai, se dressent les premières cases du gros village d'Idéicatour. Des lignes de paillotes grises courent sous les cocotiers, et, oh surprise! du feuillage sombre, sortent, gracieuses et pures, les deux tours blanches d'une merveilleuse église gothique.

Le pangouswami d'Idéicatour rêvait, depuis vingt ans, de bâtir une église au Sacré-Cœur. D'Europe, une âme généreuse entendit son désir. Le pangouswami d'Idéicatour ignorait l'architecture : il l'apprit.

Ses chrétiens n'étaient pas ouvriers: il les forma. Il leur découpa des moules à briques, il moula les délicieuses têtes d'anges qui sourient dans les tympans. L'année même où il commençait son œuvre, l'architecte improvisé devenait aveugle. Il n'en continua pas moins de diriger, seul, tous les travaux. Les chrétiens frémissaient de voir leur Swami monter sur leurs échafaudages en bambous, palpant les murs, reconnaissant, au toucher, les moindres fautes. Pour bâtir son église, le P. Ferdinand Celle avait jeté à terre le bangalow de son prédécesseur. Entre les contreforts de l'abside il s'était contenté de bâtir deux chambres, deux nids d'hirondelles, étuves inhabitables où il vécut vingt ans.

ÉGLISE DU SACRÉ-CŒUR A IDÉICATOUR

En peu d'hommes, plus qu'en ce missionnaire, j'ai vu réalisé l'idéal de l'apôtre chevalier. Jeune encore, très distingué, très artiste, impitoyable à lui-même, poursuivant, inaperçu des hommes, son grand rêve de dévouement à Dieu. Il avait une étrange passion, celle des reptiles. Ophiologue remarquable, il jouait avec les serpents les plus venimeux. Il les charmait, comme il charmait les hommes.

Mais l'égoïsme moderne, les trahisons des âmes vendues, la course des appétits haletant vers la curée, comme on oubliait ces vilenies humaines en l'écoutant! — Je l'avais quitté depuis quelques semaines quand on m'apprit sa mort.

*
* *

Les routes cessent à partir d'Idéicatour. Au vandikarer à se guider à travers les champs en jachère, à maintenir son char sur les étroites chaussées qui séparent les étangs. Actuellement les grands ouranis sont encore vides. Des moissons y poussent. Quand les pluies d'octobre les remplissent, le tiers du pays est submergé, et chacun doit rester prisonnier dans son village. Les champs portent du coton, du sorgho, du riz, du millet. Les Odéages tirent admirablement parti de leur terre. A force d'industrie, ils arrachent de belles moissons à ce sol aride et rongé par le sel. Mais l'impôt les écrase. Aussi vivent-ils maigrement. Leurs missionnaires les imitent : du riz, des karikaïs (sortes d'aubergines) composent leur menu, que des bananes, des œufs ou de la viande ne viennent pas toujours varier.

Quant à l'eau, celle des puits est salée; il faut donc boire celle des ouranis. L'ourani du village est le puits commun. Malheureusement, c'est aussi l'abreuvoir des bestiaux, le lavoir, la mare où tous se baignent, et comme les Indiens, avant de se baigner, s'oignent d'huile de coco, sur la mare verte ou brune flotte une couche irisée. On hésiterait à se plonger dans cette eau. Il faut en boire. La Providence intervient alors, sous la forme du tetâmaram (*strychnos potatorum*). Cette plante produit une graine, le tetamcottai, grosse comme un noyau d'abricot. Les Indiens saisissent ces graines entre le pouce et l'index ; ils plongent leur bras nu dans la cruche de cuivre pleine d'eau saumâtre. Ils usent la graine contre les parois de la cruche. Le tetamcottai dégage sans doute de l'alumine soluble qui précipite toute la vase au fond du récipient. L'eau qui surnage est presque propre, et, tout sur terre étant relatif, malgré ce qu'elle conserve de son ancienne saveur, on l'estime excellente.

Nous traversons une de ces forêts qui jadis couvraient le Marara, maquis d'arbres à épines tels que le carouvelamaram (*acacia arabica*) et le vevelamaram (*acacia leucophloca*). Des pouvarassous, aux tulipes jaunes ou rouges, égaient le fourré sombre. Ces bois s'étendent vers le Nord. On y rencontre des cerfs, des bœufs sauvages, des sangliers et surtout des Callers (voleurs). Une fois par an, au moins, tout Caller doit justifier son nom en s'acquittant de ses fonctions héréditaires. Ils n'ont, à ma connaissance, attaqué qu'une fois un missionnaire; mais qu'une nuit le Swami et son vandikarer s'endorment sur leur char, et un Caller pourra délicatement détacher et enlever les bœufs. Auquel cas, il faudra se plaindre au chef Caller du village voisin. Moyennant rétribution, il fera rentrer les bœufs. Il serait puéril, il va sans dire, de s'adresser à la police. Dans le maquis de Couttelour, on aperçoit de vieilles constructions en granit, lourdes et basses, ombragées d'arbres immenses, restes en ruine des châteaux féodaux. Ce sont de redoutables repaires, dont il ne faut pas s'approcher.

PAGODE DE KALÉARCOVIL

Aux forêts succède une immense plaine rouge, sorte de pouzzolane desséchée, que la pluie chargera de verdure, puis des karisels, nappe de terre noire crevassée par la chaleur. Sur les sillons durcis notre char sursaute ; quand il pleuvra, le sol deviendra une pâte épaisse et gluante.

Au centre du Marava, se dressent les gopouras superbes de Kaléarcovil, la pagode du seigneur taureau. Aucune des idoles grimaçantes, ornement des autres pagodes, ne figure sur celle-ci. Les dix étages de sa gopoura sont sobrement ornés de faisceaux de pilastres. Un haut rempart en pierres de taille clôture un bois de cocotiers, d'où émerge la coupole dorée du sanctuaire. C'est à Kaléarcovil qu'avant son premier martyre, fut arrêté le bienheureux Jean de Britto. Il y fut enchaîné et supplicié. Dans l'immense teppakoulam voisin de la pagode, le bienheureux subit le supplice de l'eau. Plusieurs fois on le jeta dans l'étang; quand il allait suffoquer, on l'en tirait pour le replonger encore. Des nénuphars jaunes couvrent les eaux qu'a sanctifiés un martyr, et, sur les longs degrés de pierre, seuls quelques brahmes silencieux prennent leurs ablutions.

C'est à la pleine lune d'avril que Kaléarcovil célèbre, en fêtant son dieu, la fécondation du monde. Les offrandes affluent alors à la pagode, qui possède d'ailleurs vingt-deux villages, lui assurant un revenu de quatre-vingt mille roupies. La caste opulente des Tchettis, soucieuse de relever le paganisme dans le sud, restaure actuellement la pagode. Non loin de l'ancien, elle creuse un nouveau teppakoulam, et elle bâtit autour de belles maisons et de vastes tchattrams pour les pèlerins.

Près des pagodes aux coupoles d'or où trône Siva, qu'elles sont humbles les églises des Odéages où se cache Jésus-Christ! Quand ils bâtissent un village, les Odéages élèvent d'abord une chapelle, orientée de l'ouest à l'est. Au-dessus de l'église, ils ne bâtissent rien : la tente du chef doit occuper la tête du camp. A l'est, ils alignent une rue, puis deux ou trois, parallèles à la première. Quand le village est assez vaste, le chef décide d'aller fonder ailleurs une colonie nouvelle. Le gouvernement accorde une concession, et la ruche essaime.

La chapelle est une paillote aux murs de terre crue, au toit de chaume ou de feuilles. Très dévots à la sainte messe, les Odéages viennent de plusieurs milles pour l'entendre. Ils partent souvent le samedi soir, leur provision de riz ou de sorgho sur la tête. Ils dorment n'importe où, par terre, et, le lendemain, ceints d'une toile bien blanche, leur beau torse de bronze luisant au soleil, ils se massent autour de l'église. Ils sont deux ou trois mille ; la chapelle en contient cinq cents. Des neuf cents villages chrétiens du Marava, cinq cent cinquante environ n'ont même pas de chapelles. Une cinquantaine seulement a des églises bâties en brique, et, sur ce nombre, il n'y en a point six convenables. Les autres, construites au siècle dernier, tombent en ruines.

Les missionnaires manquent plus encore que les églises, à ce point, que l'évêque de Trichipopoly devait, l'an dernier, arrêter le mouvement des conversions. Il aimait mieux, avec raison, différer le baptême des catéchumènes qu'accepter, dans l'Église, des âmes qu'ensuite il devrait abandonner.

Ils seraient pourtant d'excellents chrétiens, ces Odéages robustes et simples. Plus encore que leur terre, ils donneraient d'exubérantes moissons si un peu d'eau les arrosait. Dès que notre vandi paraît sur la crête d'un talus, les laboureurs laissent leur charrue, les pâtres, leurs buffles; les femmes ramènent sur leur poitrine les plis de leurs silés, et tous accourent joyeux se jeter sur notre passage le front dans la poussière.

Comme ils n'ont à attendre d'aide que de Dieu, ils l'implorent naïvement. Si l'épizootie attaque leurs troupeaux, si leurs champs sont en souffrance, ils demandent au Swami une *bénédiction*. Sur une feuille de palmier celui-ci écrit une prière ou une formule d'exorcisme. On plante la feuille dans le champ menacé; on la suspend au cou des bœufs, et, comme Dieu est secourable aux délaissés, la bénédiction du Swami opère des prodiges.

« Regardez, me disait un pangouswami, regardez ce pauvre saint Michel en bois doré qui trône sur mon rétable. Il a une réputation maravaisienne. Païens et chrétiens le redoutent. Quand un procès est inextricable, que les preuves manquent, en désespoir de cause, les juges eux-mêmes renvoient les parties devant mon saint Michel. Les intéressés soumettent d'abord leur cas au conseil du village. Celui-ci s'assure que les conditions requises pour légitimer un serment sont réunies. Le plaignant s'approche alors de *Micheldorei* ou *Michelandaver* (*Monsieur saint Michel*, ou *Monseigneur saint Michel*). Il formule son témoignage, et, allumant une chandelle, il l'éteint en disant : « Que je meure comme cette flamme, si mon serment est faux! » De tels serments sont suivis d'effets si prompts, que tout le pays les redoute, et que la justice s'incline devant eux comme devant une preuve décisive. Plus encore que les chrétiens, les païens y recourent; ils savent qu'on ne se parjure pas impunément devant Monsieur saint Michel.

*
* *

Je voulais, au Marara, retrouver les lieux consacrés par le martyre du bienheureux de Britto. Ils sont nombreux. A Pagani, voici la roche rugueuse émergeant à peine du sol, sur laquelle, après une impitoyable flagellation, le martyr fut exposé au soleil. Voici Mouni, le village où il fut arrêté une seconde fois par les cavaliers du rajah. De là, il fut

ORÉIOUR : CHAPELLE DU BIENHEUREUX JEAN DE BRITTO

traîné à Ramnad. C'était en janvier, l'époque où la plaine verte est encore inondée.

Pour bien établir la fraternité des trois castes Maraver, Caller et Agambadier, les princes du Marava épousent successivement une femme Maratti, puis une Callitchi et une Agambaditchi. Mais le prince Tériadéven, frère du rajah, s'étant converti au catholicisme, Jean de Britto lui prescrivit de ne garder que sa femme Maratti. Les épouses renvoyées s'irritèrent. Le rajah partagea leur colère et décida la mort de l'apôtre intolérant.

De Ramnad, Britto fut conduit à Oréiour, aux confins du Marara et du Tanjore. Aujourd'hui encore Oréiour est peu accessible, et je ne connais guère que trois missionnaires du Maduré qui en aient jamais fait le pèlerinage. Aucun sentier. Plus de rizières fraîches dans l'immense plaine grise. Rien que des champs de coton, desséchés eux aussi, et, de loin en loin, un palmier levant mélancoliquement vers le ciel son fût découronné. Partout le vide morne, et, dans l'âme, causée par ces teintes grises et par ces palmiers désolés, une impression poignante d'abandon.

Cependant une dune de terre rouge, courant du nord au sud, relève l'horizon. Elle a quelques mètres à peine d'élévation, mais les rayons du soleil couchant qui la frappent exagèrent ses dimensions. Au sud, le tertre disparaît sous un opulent bouquet de cocotiers et d'ilupémaram (*bassia longifolia*), sous lequel on devine un groupement de paillotes grises et les façades très blanches de deux chapelles. Au pied du tertre, un lac immense, où les cocotiers se reflètent, et dont la vue dissipe notre mélancolie. Nous nous approchons. Hélas! le lac s'évanouit.

Mais nous sommes reconnaissants au mirage, de nous avoir, un instant, trompés. Dans la vie, que d'erreurs analogues ne faut-il pas bénir !

Oréiour est desservi par un prêtre goanais, dépendant de l'évêché de Méliapour. Deux églises parallèles s'élèvent dans une vaste cour. L'une est ancienne, l'autre, achevée en 1895, est bâtie sur l'emplacement même où le bienheureux fut décapité. Jusqu'en 1888, un simple toit de feuilles de palmiers avait abrité ce sol béni.

A trois cents pas de la chapelle, on me montre un bloc de maçonnerie assez bas. C'est, paraît-il, la tombe d'Oureiardéven, le seigneur d'Oréiour. Il avait fait périr le bienheureux, et avait ensuite demandé d'être enterré près du saint gourou d'Europe. Au pied du tertre est un ourani abandonné, aux eaux basses et vertes. Après avoir décapité Jean de Britto, Peroumal, son bourreau, vint, dit la tradition locale, laver son coutelas dans cet ourani. Dès lors, l'eau fut mauvaise et l'ourani fut délaissé.

A l'est du monticule, serpente le Pambarou, actuellement à sec. Au delà, à un mille et demi du tertre, se dresse, noire dans le ciel rouge, la gopoura de la pagode de Tiroupounavasel. Au sud du tertre, nous longeons quelques ouranis; puis, à 500 mètres, nous trouvons les ruines de l'ancien Oréiour, éparses dans un terrain vague où poussent en liberté de l'indigo sauvage, des figuiers de Barbarie et un arbuste à fleurs jaunes et à baies noirâtres, l'avirei (*Cassia auriculata*). De l'enceinte fortifiée il ne reste qu'une ceinture de monticules envahis par les lianes. Au centre de l'enceinte, les ruines du palais d'Oureiardéven. Le bienheureux y fut sans doute enfermé. C'est une longue construction rectangulaire, aux murs en briques. Elle renferme deux cours intérieures, larges chacune de vingt-huit pieds, longue de quarante-huit. Entre ces ruines et le tertre, se dresse, noyé dans les

ORÉIOUR : L'OURANI MAUDIT

lianes, un pagodin abandonné. Les dieux s'en sont allés d'Oréiour, et, sur la dune, dominant le Marava et le Tanjore, Jean de Britto veille en vainqueur sur les places qu'il a conquises.

Ses frères, du reste, gardent sa conquête, et sont dignes de la défendre. Saints missionnaires du Marava ! Je ne sais si leur tamoul est littéraire, mais leurs chrétiens doivent les comprendre quand ils leur parlent de la croix : ils la portent en eux.

Errant le jour à la poursuite des âmes, la nuit, ils étendent leur natte dans la varangue d'une pauvre maison, ou dans la hutte qui leur sert de chapelle, ou dans leur char, en plein champ.

Leur santé est ruinée. Ils ressemblent à ces mauvaises carrioles toutes démolies, mais qui servent encore. Les roues, l'essieu, la caisse, le timon, tout grince, tout est disloqué. Elles roulent pourtant, jusqu'à ce qu'un heurt léger fasse, un jour, tout voler en morceaux.

Ce sont des hommes de Dieu : aucune consolation humaine ne partage ou ne distraie leur cœur. Ce sont des soldats et des artistes ; des soldats qui ne désespèrent pas de leur cause, des artistes qui croient en leur idéal.

L'esprit de l'Évangile remplit leur atmosphère. C'est pour eux que le vieux livre semble écrit. Toutes ses paroles conservent pour eux leur sens exact : ils touchent impunément à des serpents et à des scorpions, et les breuvages pestilentiels ne leur nuisent point.

Sur le prie-Dieu de l'un d'entre eux j'ai vu une pauvre image qui m'a touché. C'était une découpure de la *Croix de l'Isère* : un crucifix et un drapeau français. Ils ne reverront plus la France. Ils se sont donnés sans retour. Mais ils aiment la patrie perdue. Ils souffrent de ses hontes que les journaux anglais leur détaillent complaisamment. Ils en souffriraient davantage, s'ils les voyaient de près. Au moins, dans leurs maquis et dans leurs sables, ils ne rencontrent pas de blasés. Ils ne sont las ni de lutter, ni de vivre. La politique ne les entoure pas de son réseau de compromissions et de lâchetés.

Ils ont compris la mystérieuse parole : Celui qui hait sa vie en ce monde, la conserve pour la vie éternelle; et quand ils tombent, la mort sourit à leur martyre.

Ils aiment, ils se dévouent, ils sont heureux !

LA VALLÉE DE KODAIKANAL

CHAPITRE XIII

L'INDE PARADISIAQUE. — ADIEUX AU PAYS TAMOUL

Les Pulney hills. — L'enchantement. — Le scholasticat de Schembaganour. — Kodaikanal. — Les fauves. — Le brasier de la plaine. — Dindigul. — Les serpents. — Une visite pastorale. — Les Aiouda-poussés. — Les adieux.

Les Odéages de Sarougani se réunissaient, le soir, en conciliabules inquiets. Aux bords de l'ourani, sur le seuil du village, on avait découvert des bananes enroulées et des boules de sucre empoisonné. C'était, évidemment, une menace des Maravers ou des Callers. Qui sait? Ces brigands allaient, peut-être, étendre au Marava les massacres du Tinnevelly. Et, leur imagination grossissant le péril, les bonnes gens atterrées demandaient au missionnaire le moyen de le conjurer.

Je devais rentrer à Madura, et voulais franchir d'une traite les cinquante milles qui m'en séparaient. J'avais un vandi léger, des relais de bœufs assurés, un vandikarer audacieux. Il était Caller; en cas d'attaque, ce titre serait, sans doute, ma meilleure défense.

Onze heures d'effréné cahotage me ramenèrent assez moulu sur les rives du Vaïkai. Les premières pluies de la mousson du nord-est avaient augmenté l'opulence de sa parure, et, revenant du plat et pauvre Marava, je n'en admirais qu'avec plus d'enchantement les verts fourrés aux reflets métalliques, et, dans l'éblouissante lumière des rues, le rythme gracieux des démarches souples, l'harmonie joyeuse des vives couleurs.

Mais j'avais assez sillonné la plaine. Je voulais enfin gagner, à l'ouest, les sommets des Cardamomes. Au sud de la brèche de Pal-Ghat, s'élève, faisant pendant au Nilghiris, le massif de l'Anamalah. Les hautes vallées des Nilghiris sont la retraite préférée des grands fonctionnaires de Madras. Un des chaînons de l'Anamalah, — les Pulney hills, — reçoit des visiteurs plus modestes. Des avocats, les ministres protestants de la Présidence y ont des cottages. Dès 1865, la mission catholique s'y était assuré un *sanatorium*.

En 1896, elle y a établi un noviciat et une maison d'études.

Après la station d'Ammayanakanour où le chemin de fer me dépose, il reste une quarantaine de milles à franchir pour atteindre le pied de la montagne. Le service du *transit* est fait par des vandis fort primitifs. Étroits, recouverts de nattes fixées à des arceaux de rotin, ils n'ont aucun siège. En avant, se tient le vandikarer; en arrière, les jambes ballant au dehors, le *peon*, sorte de contrôleur. Mon *peon* est un adolescent, aux cheveux noués en chignon, au *vetti* rouge, aux formes frêles et gracieuses comme celles d'une statuette de Tanagra. Je m'étends entre les deux, la tête appuyée sur ma sacoche. Un vandi nous croise, traîné par de superbes bœufs gris, ornés de colliers d'énormes clochettes. Un personnage s'y tient assis, coiffé d'un monumental turban rouge et or, le cou serré par un lourd collier d'or qui lui retombe sur la poitrine, les oreilles et les doigts chargés de diamants. C'est le zémindar du lieu.

La route s'étend, infinie, sous les arceaux des banians où voltigent des singes. La nuit vient. L'eau des rizières reluit des deux côtés du chemin, sous l'éblouissant éclat de la lune. Par l'ouverture du vandi, j'aperçois les silhouettes fantastiques des branches, se détachant en noir sur des fonds éclatants de blancheur. Mon vandikarer chante, sur un vieux *raga* (thème) que devaient connaître les vandikarers d'il y a mille ans. Il improvise des couplets à ses bœufs, à la lune, au swami qu'il porte. Le *peon* lui répond. Je me console de ne pouvoir dormir, en admirant ces incomparables *fusains* qui se déroulent sous mes yeux, en entendant cette inimitable mélodie, coupée par d'énergiques imprécations aux bœufs qui trottent.

TAILLIS DE FOUGÈRES

Dans un village que nous traversons, je tombe en pleine représentation dramatique. La foule est assise sur la route, silencieuse. La pièce n'est jouée que par des ombres chinoises. Les dialogues, très courts, sont suivis de refrains nasillards, accompagnés de tambourins et de cymbales. Les ombres, aux allures équivoques, gambadent sur la toile blanche. *Peon* et conducteur m'ont abandonné, et, accroupis, la bouche bée, ils s'oublient à regarder le spectacle. Je dois les secouer vivement pour rompre le charme qui les captive. A deux heures du matin, je m'arrête et célèbre la sainte messe, dans un gros bourg de trente mille âmes, Périakoulam, où la mission possède un bangalow. Puis, je repars aussitôt, et vers quatre heures et demie, j'arrive à Tope, au pied de la montagne.

Tope n'est qu'à 374 mètres d'altitude. Brusquement, comme si elle jaillissait d'un lac, la montagne surgit, et s'élève à 2.000 mètres. J'enfourche un vilain poney, deux coolies prennent mes paquets sur leur tête, et nous nous enfonçons, dans la nuit, sur d'invisibles lacets. Il nous reste neuf milles à gravir.

Je ne puis diriger ma monture; je dois me fier à elle. Elle va toute seule, côtoyant des précipices, sautant, sans me prévenir, des ruisseaux ou des blocs de granit, m'emmenant, je ne sais où, à travers des ombres étranges.

Les coolies ont pris des chemins de traverse. Je les entends, au-dessus de moi, s'entraînant par leur mélopée à deux notes : *Angô ô, angô ô!* ou par ce refrain, qui n'a aucun sens : *ahôben, handôben, nahoûm da dôben!*

Troublés dans leur sommeil, les singes fuient, en agitant la forêt, et, de loin, le grand gorille à barbe blanche souffle bruyamment comme un puissant soufflet de forge.

Le soleil se lève enfin, et l'enchantement commence! Les lacets que je suis serpentent sur un des contreforts de la gorge immense. L'abîme s'étend sans fond, à pic, et, au-dessus de ma tête, la montagne s'élève toute droite. Des massifs de bambous géants, des fourrés de rotin couvrent les pentes, ainsi que des forêts de rhododendrons, des pouns (*calophylla*) aux stipes élancés festonnés de lianes, des ébéniers, des teks. Des aigles planent dans le ciel. A chaque détour du lacet, la plaine apparaît, immense, comme une coulée d'or rouge, embrasée par le soleil levant. Aucun paysage d'Europe ne m'avait préparé à ces splendeurs.

D'un bloc de porphyre, part une cascade qui, d'un seul bond, tombe à 500 mètres. Au bruit sourd et monotone qu'elle fait, s'ajoute l'obsédante stridulation des cigales, et le *hou-hou* du grand gorille. L'horizon s'élargit. La route s'engouffre sous un dôme humide et sombre. Grâce à la pureté de l'air, l'altitude où nous sommes parvenus ne rend pas moins nets les détails de la plaine.

Au sixième mille, j'aperçois, à un détour de la route, trois soutanes blanches qui m'attendent. Je descends de cheval, et, avec ces frères retrouvés, je m'enfonce dans les sentiers superbes. La flore de la plaine a disparu. Voici des bois d'eucalyptus et de chênes d'Australie. Oh ! qui portera aux missionnaires du Marava un verre de cette eau des torrents ! Enfin, à 1.931 mètres d'altitude, adossé à un grand bois d'eucalyptus, dominant un fourré de rotins et de chênes, apparaît le noviciat de Schembaganour. C'est un vaste bâtiment carré, assez légèrement construit en moellons et en terre, presque sans chaux. Les varangues brunes qui courent le long des étages donnent à cette maison blanche l'air d'un grand châlet suisse.

VERS KODAIKAINAL

Jadis, après six mois ou un an de préparation, on lançait dans les pangous les nouveaux venus d'Europe. Ils enrichissaient, comme ils le pouvaient, leur vocabulaire tamoul, et, en forgeant péniblement, quelques-uns devenaient d'excellents forgerons. On a résolu, aujourd'hui, d'essayer d'un autre système.

Des diverses Écoles Apostoliques de France ou de Belgique, des âmes choisies sont venues au Maduré, attirées par l'attrait des grands dévouements. Ces providentielles recrues ont permis de fonder un noviciat dans l'Inde même. Ceux qui s'y forment, auront, entre autres avantages, celui de bien connaître l'anglais et le tamoul. Ils sont l'avenir de la mission. Après deux ans de noviciat, ils complètent, pendant deux ans, leurs études littéraires, puis, à Schembaganour même, ils consacrent trois années à l'étude de la philosophie et des sciences.

La Compagnie de Jésus dirige, dans l'Inde, les missions du Bengale, de Mangalore, du Maduré et de Bombay. Les scolastiques des trois missions du Bengale, de Mangalore et du Maduré commenceront désormais leur formation à Schembaganour; ils iront l'achever à Kurseong, dans la présidence de Calcutta. A Kurseong, pendant trois ou quatre ans, ils suivront des cours de théologie. Une fois prêtres, ils reviendront dans leurs missions. En octobre 1899, Schembaganour contenait vingt novices, quarante-sept scolastiques et huit frères coadjuteurs.

Le climat, à cette altitude, est excellent. La température n'y descend pas plus bas que 9° C., elle ne dépasse guère 28°. La Compagnie de Jésus sait la valeur des longues formations. Du sommet verdoyant qu'ils occupent, les futurs apôtres contempleront longtemps la plaine embrasée, leur future arène. Ils n'y descendront, un jour, qu'avec plus de vaillance.

La fondation de Schembaganour a été une idée féconde et hardie, car elle est appelée à donner à l'Inde des apôtres excellents, et parce qu'aucune ressource n'est assurée à cette œuvre fort dispendieuse. Que les aumônes d'Europe tarissent, ou seulement diminuent, et Schembaganour est ruiné. On aura beau, comme on l'a fait déjà, imposer, au profit des novices, les missions de la plaine; cette mesure douloureuse ne sauvera rien. Aussi je ne vois, dans la mission du Maduré, aucune œuvre plus digne que celle-là d'attirer la sympathie des bienfaiteurs de France.

Le massif des Pulney Hills soutient, suspendu à 2.000 mètres d'altitude, une suite de plateaux ondulés. La plus jolie vallée du plateau est celle de Kodaikanal. Un grand lac occupe le fond. De gracieux cottages en égaient les flancs. Des routes et des sentiers la sillonnent, délicatement entretenus comme ceux d'un parc du Devonshire. Les cottages portent le nom d'un site aimé d'Écosse ou d'Angleterre. Dans les jardins qui les entourent, s'étalent des daturas aux cloches

LE SCHOLASTICAT DE SCHEMBAGANOUR

blanches, des marguerites arborescentes, puis, nos chères fleurs parfumées d'Europe, des roses et des œillets.

Des contreforts de gneiss, veinés de porphyre, plongeant à des milliers de mètres dans la plaine, soutiennent cette plate-forme gigantesque. Ils sont flanqués d'une ceinture de pics, dont le plus élevé (2.516 mètres) est le fort Hamilton. Sur un autre (2.197 mètres), les missionnaires ont élevé une chapelle dédiée à Notre-Dame de la Salette. Tout près, à l'ouest, les Pères du collège de Trichinopoly possèdent un bangalow, où, chaque année, pendant un mois, ils viennent se reposer de leurs écrasants labeurs. De la terrasse de ce bangalow, on jouit d'une des plus belles vues qu'il soit possible de contempler dans l'Inde.

Le pic Peroumal (2.232 mètres) ferme, au nord, la vallée de Kodaikanal. Un gave aux cascades claires côtoie le chemin qui y mène. Des manguiers sauvages, des cèdres blancs, des pouns et des gommiers l'ombragent; des fougères arborescentes, des rotins en tapissent les berges; des troupes de singes en animent les bords. La jolie route dure peu. Ensuite, il faut s'engager, à la file, sur des plateaux sans fin, dans des jungles épaisses où nous disparaissons. Le jour, il serait dangereux de s'y perdre. La nuit il ne faudrait pas même s'y hasarder, si l'on redoute la rencontre des panthères ou des jaguars.

Pour se défaire de ces taillis de fougères, chaque année on met le feu à la montagne. Alors, durant des jours entiers, des vagues de flammes courent, chassées par le vent, et contenues à peine par de larges tranchées.

Près du pic de Peroumal, sur un plateau de gazon, paissent de grands cerfs bruns. Quelques-uns se laissent approcher à une demi-portée de fusil, puis, soudain, reniflant avec force, ils partent comme un trait, et disparaissent dans les bois. Au pied du pic, dans l'abîme sans fond, s'étend la brèche de Coïmbatour, puis, au nord, les montagnes Bleues. A l'ouest, au loin, les cimes déchiquetées des Ghattes courent dans les nuages. Tout en bas, à l'est, dans un lointain effrayant, la plaine sans limites, rouge ou blonde, semée de montagnes, qui semblent émerger d'une nappe de feu.

Dans les gorges profondes s'alignent, entourées d'aloès géants, des plantations de café, de thé ou d'eucalyptus, des champs de bananes, dévastés souvent par les sangliers et les cerfs. Voici une montagne où le bison abonde. Dans cette gorge, depuis trois mois, un tigre se signale par ses méfaits. C'est un *man-eater*, un mangeur d'hommes. Il a fait bien des victimes, mais personne n'ose encore l'attaquer dans son repaire.

La nuit, tous les bois s'animent. Les fauves vont à la chasse. Depuis que les Européens se sont établis nombreux à Kodaikanal, les tigres fuient cette vallée, mais qui peut se promettre d'être à couvert d'un ennemi qui franchit dix lieues dans une nuit. Le jour, tout se tait dans cette immensité. Les pentes à pic des monts sont tapissées de forêts de rhododendrons,

LES PILLAR ROCKS

vieilles comme le monde, plus épaisses que la mousse, et d'où monte, avec son rythme monotone, l'assourdissant concert de millions de cigales, stridulant en chœur. Seule, alors, sur les bois endormis, la lumière ruisselle, inépuisable, enivrant la nature engourdie, accablée.

LA JUNGLE, EN ALLANT AU PIC DE PEROUMAL

Le soir est l'heure divine. La plaine dort dans l'ombre, que les sommets se jouent encore dans la lumière. Un calme absolu règne sur ces hauts plateaux. Le jour s'éteint avec d'exquises douceurs de teintes. Une brise se lève, qui apporte, mêlée à la senteur discrète des roses, le lourd parfum des fleurs de thé et des cardamomes. Des chevreuils râlent tout près de nous. Et cet adieu des choses emprunte au paysage où on l'entend une émouvante solennité.

* * *

Mais il faut quitter ces verts sommets, et retomber dans la plaine brûlée. Quelle chute, si, à force d'en vouloir faire à sa tête, mon poney rétif m'envoyait dans le gouffre !

Dix heures de vandy, durant lesquelles des souvenirs de verdure m'accompagnent, mon rêve interrompu de Kodaikanal. Puis, me voilà chez le pangouswami de Siloukouverpaty. Une maison étroite, dans un enclos dénudé, où, la nuit, les chacals se risquent. Plus de chambre;

où l'on puisse dormir dans un lit, comme à la montagne. Sur une natte, sous les auvents des varangues, dans l'air lourd, j'attends le sommeil, parmi des vols de chauves-souris.

Les chrétiens des districts de Nord-Ouest sont surtout des *vanniers*, caste agricole, terrain pauvre et ingrat. Mais la patience du missionnaire et la grâce de Dieu tirent des fleurs de toute terre. Exemple, le pangou de Panjampatti où j'arrive bientôt.

Dans ce pangou, il y a vingt ans, aucun chrétien ne venait à la messe le dimanche. Actuellement, le samedi, le missionnaire ne peut suffire à entendre les confessions. Son église est une chambre qui contient dix personnes. Elle ouvre sur un hangar qui sert d'école. Le dimanche, hangar, cour, place, tout est envahi. Il faut une église à Panjampatti. Le swami l'a commencée. Elle est à hauteur de voûtes, mais l'argent manque à l'architecte, qui mourra peut-être, sans voir son œuvre terminée. A côté de l'église, le hangar-école contient une centaine d'enfants qui comptent, lisent, chantent, tout le jour. Une grande école inachevée s'élève près de l'église. Devant le hangar, un beau jardin, où le missionnaire, excellent botaniste, a réuni des plantes merveilleuses. Quant à son logis, c'est une masure, au toit défoncé, si étroite et si pauvre qu'il ne peut nous y garder la nuit.

Le P. Larmey, depuis vingt ans pangouswami de Panjampatti, est aussi délabré que sa demeure. Il souffre d'une maladie de cœur avancée et de plusieurs autres infirmités. Il administre vingt mille chrétiens. Depuis trois ans, il possède, pour ses voyages, un vieux vandi, héritage d'un Anglais qui s'en servait pour promener ses chiens. L'an dernier, le vandi versa. Sa caisse se brisa, ainsi que l'épaule du swami. Depuis, ni l'une ni l'autre ne se sont

LES HAUTS PLATEAUX

remises. Quelle gaîté pourtant, et quelle vie en ce vieillard! Comme il connaît l'Inde! Quel bel optimisme que le sien, fait de vaillance et de bonté. S'il parle d'un fait pénible, il se contente d'ajouter : « Nous n'en serons que mieux logés au Paradis! » Il aime son Maduré. « Ah! me répète-t-il, si nos Pères de France savaient combien il est facile de faire du bien ici, ils y viendraient plus nombreux! »

SUR LA ROUTE DE PEROUMAL

Je quitte ce vieillard, dont le sourire me poursuit encore, et j'arrive à Dindigul, petite ville de mille âmes, déjà célèbre par ses fabriques de cigares, et appelée sans doute à beaucoup augmenter.

La mission y possède une fort belle église, mais, en fait de délabrement, le presbytère vaut celui de Panjampatti. Dans l'enclos, il est vrai, sont entassées en monceaux, des pierres destinées à la future construction. Mais elles attendent depuis quatre ans, et, pour les utiliser, les cobras-capels y ont élu domicile et s'y sont effrayamment multipliés.

Le capel, serpent à lunettes, foisonne dans l'Inde, mais peu d'endroits en sont si bien pourvus que l'enclos de Dindigul. Invisibles le jour, les cobras errent, la nuit, à la poursuite des rats. D'eux-mêmes ils n'attaquent point l'homme, mais malheur à celui-ci, s'il les foule au pied ou s'il les heurte : une incurable morsure le punira de son imprudence[1].

La Providence a toujours merveilleusement préservé les missionnaires de ces accidents. Aussi, ont-ils acquis une insouciance du danger qui surprend. Un soir, j'avais longtemps causé avec l'aimable pangouswami de Dindigul. La lune inondait l'enclos de clarté. « Allons, me dit enfin mon hôte, il faut dormir. Tenez ! Je vous conseille d'étendre ici votre natte. Vous aurez de l'air. » — C'était à dix mètres du fameux tas de pierres... « Ne vous éloignez pas de la varangue, ajouta-t-il du reste, car, vous savez, nous sommes inondés de cobras. » — Je ne le savais que trop. Aussi : « Pardon, lui dis-je, affectant l'indifférence, mais les serpents ne viendront-ils pas de mon côté ? » — « Pas probable. Ils auraient une marche à monter. D'ordinaire ils ne le font pas. Allons ! Bonne nuit ! »

« Pas probable ! » — me répétai-je en déroulant ma natte. Comme il dit cela ! Mais si, pour une fois, ils la franchissaient, sa marche ! Aussi bien, les chauves-souris, s'agitant sur ma tête prolongeaient mon insomnie, et, à chaque frôlement du vent sur le sol, je regardais si, dans l'herbe, ne glissait pas une lame d'argent.

SERPENT A LUNETTES
(*Naya tripudians*)

Avant de quitter le pays tamoul, j'ai revu Trichinopoly. Le vent de la mousson était tombé. Le soleil dardait des rayons ardents comme la flamme d'un chalumeau. Les nuits embrasées avaient des lourdeurs d'étuve.

[1] Un frère coadjuteur jésuite de l'ancienne mission de Carnate avait composé un remède contre la morsure des serpents et des scorpions. Les missionnaires de Pondichéry en ont conservé la formule et débitent ce remède. C'est une pâte blanche, dont on applique une parcelle sur la blessure, tandis qu'on en met une autre sur la langue du malade. Pris à temps, ce remède conjure l'effet du venin.

J'ai pu encore m'imprégner de vie indienne, voir ces rues poussiéreuses, aux petites maisons basses, devant lesquelles est couché un bœuf blanc, ces échoppes, d'où sort un parfum de cannelle, ces jolies formes drapées avec éclat. Et, le dimanche, à la messe de la cathédrale, les cipayes catholiques arrivant, musique en tête, et les East Indiens — métis — ridicules sous leurs toilettes européennes qui aggravent leur laideur.

J'ai visité les *Sakkyliers* (savetiers), dont le quartier ressemble à un bourg sauvage. Leurs huttes ont quelques mètres de largeur. Mais qu'ils sont bons, et qu'on aurait tôt fait de les convertir, si l'on pouvait assez s'occuper d'eux ! Ailleurs, c'est un quartier paria. Le P. Lacombe, l'apôtre des brahmes, est leur curé. Il les aura bientôt tous gagnés. Il me montre leur chapelle. En France, elle ne servirait pas d'étable.

L'accueil n'est pas moins affable dans les maisons de chrétiens opulents. Elles se composent d'un rez-de-chaussée assez obscur, et, au premier, d'une large salle décorée d'images pieuses, ornée d'un grand lustre en verre rouge ou blanc. Dans cette salle sans siège, où seuls montent les hommes, on nous offre le citron traditionnel, et l'on nous passe au cou une guirlande de jasmins. Partout, chez les pauvres comme chez les riches, des portes liliputiennes, contre les traverses desquelles on risque de se fendre le crâne.

Et j'ai quitté aussi la ruche agitée du grand collège, accompagné par des regards qui me disaient *adieu*, et auxquels je m'obstinais à répondre *au revoir*.

***

L'évêque de Trichinopoly m'avait donné rendez-vous à Madura. Il voulait me faire assister à une visite pastorale. L'évêque missionnaire n'est aucunement un préfet en robe violette. C'est un chef d'armée, toujours en campagne. Aux parades, il sait s'entourer des splendeurs de son rang. Dans la lutte de tous les jours, il se distingue à peine de ses troupes. Son palais est une chambre vulgaire de la résidence de Trichinopoly. Mgr Barthe est jeune, mais déjà usé, très doux, vraiment pasteur, vraiment pontife, un évêque du temps des catacombes.

Il allait visiter Samayanellour, un pauvre bourg de six cents habitants, dont cent cinquante seulement sont catholiques. Ils n'avaient jamais vu l'évêque, l'*Andaver*, et, malgré leur pauvreté, ils tenaient à le bien accueillir.

Nous partons de Madura en landau découvert, un de ces landaux que le rajah de Ramnad est réduit à vendre, à chacune de ses ruines périodiques. Sur le siège de drap rouge brodé d'or est assis un cocher au turban écarlate. Derrière la voiture, se tient debout le *peon*, armé d'un grand chasse-mouches en crins blancs. Nos purs-sang, jadis superbes, sont des épaves, eux aussi, des écuries royales.

Nous arrivons au Vaïkai, qui n'offre plus qu'un large lit de sable. Les chevaux ne peuvent nous passer. On les dételle, et les chrétiens, qui nous attendaient, poussent la voiture dans le fleuve. Ils s'y mettent soixante, et nous voilà enfin sur l'autre bord.

Il fait nuit. Le village n'est pas éloigné. Les gens arrivent par grappes. L'évêque a revêtu son rochet et sa mosette. Des deux côtés du landeau, des hommes élèvent des tridents aux torches huilées. La foule déborde des chemins, les païens mêlés aux chrétiens. Un chœur de femmes *Pallis* nous reçoit en poussant une exclamation singulière, qu'on prendrait pour un gloussement de pintades. C'est un *ah!* suraigu, accompagné d'un roulement de langue. Cette exclamation sert de refrain à des couplets improvisés en l'honneur de l'*Andaver*.

La foule compacte nous escorte, silencieuse. L'évêque est assis, la mitre en tête et la crosse en main. On a déployé sur sa tête deux grands parasols rouges, insignes royaux réservés aux rajahs et aux évêques. Les tridents enflammés se sont multipliés. Devant le cortège, s'est rangée une fanfare, composée de huit artistes. Elle joue cette *Marche de la victoire* qui m'avait accueilli à Satankoulam. Mais, là-bas, on n'en savait qu'une mesure. Ici, on va un peu plus loin.

Le porteur d'un parasol rouge, distrait, heurte la mitre de l'évêque. Il reçoit une bourrée de ses voisins qui lui arrachent son parasol. Des pétards éclatent; des feux de bengale donnent à la nuit des lueurs de rêve. D'éblouissantes pièces d'artifice éclatent sous le nez des chevaux. Les enfants, à califourchon sur les épaules de leurs pères, ont des regards d'extase. Aucun désordre. On ne parle que pour lancer, à mi-voix, les imprécations indispensables contre les maladroits porteurs de torches qui laissent tomber de l'huile enflammée sur le dos des voisins. Le gloussement des femmes *Pallis* continue. L'évêque resplendit dans la lumière. J'ai l'âme éblouie par ce spectacle.

Samayanellour n'a point d'église. Pour recevoir l'*Andaver*, on a dressé, sur douze bambous, un pandel fait de nattes. Les Indiens excellent à orner ces pandels. Celui-ci est, à l'intérieur, tapissé de papier blanc, avec des festons en papier rouge. Des bouquets de feuilles de banane parent les colonnes. Au fond du pandel, s'élève un autel.

L'évêque descend de voiture. Sous ses pieds, les hommes étendent les toiles dont ils se sont dépouillés. L'évêque s'agenouille à son prie-Dieu, puis, quand la fanfare a consenti à se taire, il parle en tamoul à son peuple agenouillé autour de lui.

Tous écoutent, les mains jointes sur la bouche, puis se retirent. On tend une toile pour fermer le pandel aux regards indiscrets. De petits doigts curieux pratiquent bien, dans la cloison de nattes, des fenêtres par lesquelles on voit briller de gros yeux ronds. Mais le catéchiste disperse les indiscrets, et nous dînons. Enfin, on étend, près de l'autel, la natte de l'évêque, qui, comme ses missionnaires, dort sur la dure. Le Swami qui l'accompagne et moi le laissons seul dans son pandel. Au milieu de la place, où une soixantaine de chrétiens attendent pour se confesser, où d'autres dorment déjà, deux vandis sont abandonnés. Les bœufs dételés se reposent auprès. Chacun de nous escalade un de ces chars, et nous y passons la nuit, sous un dôme d'étoiles.

S. G. Mgr BARTHE, ÉVÊQUE DE TRICHINOPOLY

De grand matin, j'entends le catéchiste qui allonge des claques aux disciples, pour les réveiller. Nous descendons de nos vandis, et faisons notre toilette au milieu des gens endormis. Un vrai lever de camp!

A cinq heures et demie, je dis la sainte messe, à laquelle cent cinquante chrétiens communient, puis l'évêque célèbre, et confirme une centaine de fidèles, des enfants qu'il arme pour la vie, des vieillards qu'il fortifie pour la mort.

Je laisse Mgr Barthe dans son pauvre pandel, dans sa tente de guerre, plus belle à mes yeux qu'un palais. Son landau de louage me ramène à Madura, d'où je dois aussi m'arracher bientôt.

Dans les rues, circule une belle jeunesse. L'or des parures avive les *silès* de pourpre. Aucun costume européen, aucune de nos modes ridicules. Rien que l'Asie dans sa grâce, et, par malheur, dans son infidélité. Car elle est absolument païenne, la jolie ville polychromée. Elle le sera longtemps, et, pour fêter Minatchi, la déesse de sa pagode, longtemps des flots de fidèles se presseront dans le Vaïkai, aux pleines lunes de Sittirei.

Adieu aussi aux foules bigarrées des stations indiennes! aux beaux marchands de fruits d'Orient, bronzes exquis! Tuticorin m'appelle, pour me rejeter en Europe.

Tous ces jours-ci, Tuticorin est en fête. On célèbre les *Aiouda-poussés*, les instruments de travail. Pendant trois jours, toutes les administrations donnent congé. Chacun dispose à la place d'honneur du logis ses instruments de labeur : le forgeron son enclume, le charpentier, ses ciseaux, l'écolier, ses livres et ses cahiers. On les couronne de fleurs, on les parfume de santal. Dans chaque maison, on remplace, par des cruches neuves, les vieilles, que l'on brise. On change d'habits. Les beaux-pères donnent à leurs gendres des *salvés* neufs. Aux belles-filles, les belles-mères offrent des *silès*. Dans les rues, des groupes vont, en dansant, porter aux idoles des cruches garnies de fleurs. Je rencontre des garçons, la figure jaunie au safran, la tête couronnée d'une tiare en clinquant, dansant au milieu d'un cercle de badauds. Sous un baldaquin de verdure, on promène un homme grimaçant. Il représente le dieu-singe Hanoumàn. De partout, monte le roulement des tambourins, et la monotone mélopée des fifres, et cela dure du matin jusqu'à la nuit avancée.

Simple carnaval, que ces fêtes païennes, toutes en joie et en bruit, sinon en impudeur. Voilà pourquoi tant de millions de dieux trouvent si peu d'athées. Le nôtre en aurait moins, si son culte ne consistait qu'en vachalcades.

*
* *

La mousson qui souffle promet une mauvaise traversée. Les lourds *tonis* des Paravers rentrent au port. A six milles au large, le *Katoria* nous attend. Notre chaloupe surchargée le rejoint. Point de *coupée*, pour atteindre le pont. Il faut, quand la vague nous élève, sauter vivement dans le sabord ouvert. Nous le faisons assez prestement. Mais la manœuvre est plus compliquée pour les indigènes effrayés. Qu'ils le veuillent ou non, deux hommes les enlèvent par les bras, d'autres les poussent par derrière. S'ils tombent à l'eau, on les repêche. *Sikram! Sikram!* Vite! Vite! la sirène souffle; la nuit vient. On les hisse, on les jette comme des paquets sans valeur. Puis, un dernier beuglement de la sirène. La cloche qui annonce le départ. D'un serrement de main ému, j'essaie de dire aux deux missionnaires qui m'ont accompagné à bord tout ce que je laisse de mon cœur dans leur cher Maduré. Enfin, le *Katoria* plonge dans l'horizon noir, et le pays tamoul disparaît.

CEYLAN : INTÉRIEUR DE TEMPLE BOUDDHIQUE

CHAPITRE XIV

CEYLAN. — L'ÉGYPTE. — LA FRANCE

La conquête anglaise. — Le chemin de Kandy. — Croquis cynghalais. — Le bouddhisme. La dent de Bouddha. — Mgr Zaleski et le séminaire papal. — Le royaume des choses mortes. — Retour.

Ceylan dresse, dans un ciel éblouissant, ses dunes d'un rouge de sanguine, écrasées par les éternelles verdures. La très délicate hospitalité de l'archevêque de Colombo, Mgr Mélizan, me fait vite oublier les marasmes d'une traversée en pleine mousson, et je m'apprête à pénétrer dans l'île incomparable.

L'ancienne Sinhala fut conquise par les *lions du Nord*, les Aryens, venus du Bengale, sur les Veddas, Chamites qui y pullulaient il y a trois mille ans. De ceux-ci il ne reste plus, entre Batticaloa et Trincomali, qu'une tribu d'environ trois mille hommes, absolument sauvages. Les Cynghalais vainqueurs avaient établi leur capitale dans l'intérieur de l'île, à Anaradjapoura[1], puis, au VIIIe siècle de notre ère, à Pallanaroua. Ils la transportèrent à Kandy, quand les Portugais, à partir de 1505, se furent emparés de leurs côtes. Kandy défia les Portugais, puis les Hollandais. Quand les Anglais s'établirent à Ceylan, en 1796, Kandy leur résista encore, mais son dernier roi, Vikrama Raja Singha, était un monstre, dont les Anglais, dit-on, encourageaient la cruauté, afin de le rendre plus vite odieux à son peuple. Vikrama avait chargé son ministre, Ehélapola, de résister aux blancs. Une intrigue de palais ayant rendu suspect Ehélapola, le rajah fit périr sa famille dans des supplices inouis. Ehélapola se livra aux Anglais. En février 1815, ceux-ci prenaient Kandy et envoyaient le tyran vaincu vieillir près de Madras[2].

Habile et sceptique, comme partout, la politique anglaise a respecté, à Ceylan, les législations antérieures, dont les couches superposées se retrouvent dans son code embrouillé. Il en résulte, dans la procédure de l'île, des anomalies qui eussent réjoui Montaigne. Où régnaient les Hollandais, le divorce continue d'être admis, avec toutes facilités pour la résiliation des contrats nuptiaux. Dans l'ancien empire Kandyen, la loi anglaise, héritière de la loi bouddhique, autorise le mariage pour un an, pour deux, à volonté. Ailleurs, elle permet l'échange, à l'amiable, des enfants. Partout elle se montre tendrement protectrice des animaux. Nulle part, par exemple, elle n'appuiera la loi chrétienne. Aussi, malgré son évêque *établi*, qui s'efforce de singer les catholiques, empruntant leur costume et leurs rites, l'Angleterre a peu fait pour moraliser Ceylan.

Rendons-lui pourtant justice. Après les cent cinquante ans de persécution hollandaise, qui avaient réduit à cinquante mille fidèles les chrétientés fondées par saint François-Xavier, l'Angleterre donnait à l'île un bien infiniment appréciable, la liberté. Aussi, grâce surtout aux florissantes missions des Pères Oblats de Marie, Ceylan compte aujourd'hui environ 250.000 catholiques.

De Colombo, le chemin de fer conduit jusqu'au mont Nawara

[1] Voir *Un séjour dans l'île de Ceylan*, par Jules Leclercq, Plon, 1900.
[2] Où il mourut en 1832.

LA DAGOBA DE KANDY (TEMPLE DE LA DENT DE BOUDDHA) (Cl. Skeen)

Eliya, à travers un pays de rêve. A l'ouest, le pic d'Adam le domine de sa masse bleue. Jusqu'à sa base montent, en ondulant, des rideaux de verdure. Sur la pente des gouffres, aux nappes d'eau tranquilles, s'étagent d'opulentes rizières, et, sur le flanc rouge des monts déboisés, s'alignent, sans fin, des champs de thé. C'est trop de lumière et trop de verdure. Les yeux se ferment de lassitude devant cette écrasante fécondité.

Sur la voie, d'un coup de serpe assuré, un Tamoul maigre découronne les lourdes noix de coco que demandent des mains tendues. Les voyageurs les vident d'un trait. A chaque station, des agents de la *Salvation Army* offrent leurs *tracts*. Ce sont des adolescents en veste rouge, au *velti* blanc tombant comme une robe, de douces figures androgynes. Partout, des travailleurs tamouls, qui ont quitté leur pauvre pays pour gagner un peu d'or et prendre la fièvre, dans les *estates* de thé du pays riche. Ils ont, ici, moins de grâce que chez eux. Ils paraissent grossiers et gauches, à côté de ces Cynghalais à la démarche molle, à la délicate figurine, au parler musical, vrai gazouillis de perruches. Douces apparences, auxquelles il ne faut pourtant pas se fier. Personne n'est, en effet, plus vindicatif qu'un Cynghalais, et, nulle part au monde il ne se donne, paraît-il, plus de coups de couteau que dans ces jolis chemins creux, si tranquilles.

Les Cynghalais, hommes et femmes, portent, retenu par une ceinture, un long vetti, tombant droit jusqu'aux pieds. Ce vetti est parfois blanc, mais plus souvent d'une indienne rouge ou carrelée. Les femmes y ajoutent une légère camisole blanche, à manches longues, qui leur donne une lourde taille, et à laquelle je préfère de beaucoup le gracieux *silè* tamoul, surtout porté à la mode brahmine.

Les hommes gardent leur torse nu ou endossent une veste blanche. Beaucoup portent toute la barbe et tous les cheveux retroussés en chignon, et, sur le sommet de la tête, arrêté aux cheveux, un grand peigne d'écaille assez ridicule, dont l'arc prend de faux airs de cornes.

Le riche planteur en est à la période grotesque de son évolution vers l'européanisme. Ce qui semble le sacrer bourgeois, c'est l'adoption de notre chapeau melon noir. Là-dessous, il porte chemise, cravate et jaquette, puis, pour remplacer le vetti national, sans tout à fait l'abandonner, il ajoute à nos pantalons européens une sorte de robe en drap, qui lui donne une silhouette de vieille miss anglaise.

Mais, pour nous consoler de ces laideurs, voici la pourpre étincelante des fleurs, les ors verts des cocotiers, les bananes, dont une feuille géante sert de parapluie à trois enfants, le Pedrotallagalla qui se dresse en face de nous (2.524 mètres), et le train, couleuvre d'acier, qui glisse, minuscule, sous des rocs qui surplombent, au-dessus de merveilleux abîmes !

Kandy ! — Tout le confort d'une ville de Suisse, et l'exubérante végétation des tropiques. La ville s'étage sur une colline, où de riches bangalows disparaissent sous la verdure. A ses pieds, un grand lac, aux parapets de granit dentelé, que longent de larges allées. Une île de cocotiers s'élève au centre. Des collines vertes l'enserrent. Sur ses rives, des *rickshaws* passent, traînés par des tamouls, puis de somptueux équipages, et des groupes de bronze, parés de blanc et de rouge, glissant, pieds nus, sur le sable rose.

ENTRÉE DE LA DAGOBA DE KANDY (Cl. Skeen)

L'air tiède n'est jamais embrasé, jamais froid. Toutes les essences des tropiques confondent leurs feuillages et mêlent leurs parfums :

cinchona, poivrier, cannelier, cacaotier et muscadier. Et, sur les pelouses, les fleurs d'Europe marient leurs teintes douces.

Des montagnes qui entourent Kandy, l'œil plonge dans des vallées débordantes de feuillage. Dans l'une d'elles, coule, majestueux, le Mahavelaganga, le roi des fleuves de Ceylan. Mais, où la flore de l'île s'étale dans sa plus triomphale splendeur, c'est dans les soixante hectares du jardin botanique de Peradenia. Toutes les espèces de palmiers y sont acclimatées, d'infinies variétés de fougères et d'orchidées, et la plupart des fleurs ou des essences du globe. De la cime d'un talipot géant qui va mourir, s'élève, plus beau qu'aucun panache de plumes d'autruche, un bouquet blanc, haut de six mètres, première et unique fleur de l'arbre centenaire.

* * *

Sur trois millions d'habitants, Ceylan compte un million sept cent mille bouddhistes. Dans les montagnes surtout, la plupart sont obstinés, mais, du bouddhisme de Gautama, tout fait de négations désenchantées, les Cynghalais ont tiré une religion fort simplifiée, différente des autres bouddhismes et ne partageant avec eux que l'adoration de la même idole. Kandy se croit des titres spéciaux à la faveur du dieu, car elle possède une de ses dents.

KANDY : UN BONZE

Cette dent célèbre[1] était, au moyen âge, le plus cher joyau des rois cynghalais, mais au XVIe siècle, D. Constantin de Bragance la ravit au roi de

[1] Voir *Buddha's tooth worshipped by the Buddhists of Ceylan in the Pagoda called Dalada-Maligawa*. Mangalore, Codialbail Press, 1898.

Jaffna. En vain un prince birman voulut-il la racheter aux Portugais. En 1560, ses ambassadeurs furent conviés à voir, en pleine Goa, la dent divine pilée, brûlée, anéantie. Quatre ans plus tard, affriandé par la piété de ce candide prince birman, un roitelet de Ceylan fabriqua une seconde dent de Bouddha, affirma qu'elle seule était authentique, et la vendit, très cher, aux Birmans, qui la reçurent avec vénération. Les acquéreurs l'avaient à peine payée, qu'une troisième dent — toujours la seule vraie — fut découverte à Ceylan. On lui bâtit un temple, et les bonzes imaginèrent cette jolie histoire. Quand les cendres de la dent brûlée à Goa furent jetées dans la mer, un lotus bleu les recueillit, et, entraîné par un courant miraculeux, il les porta à Ceylan. Voilà comment, dans la *Dagoba* de Kandy, l'on peut encore adorer la dent divine.

TEMPLE DE LA DENT DE BOUDDHA (Cl. Skeen)

La Dagoba occupe les restes de l'ancien palais royal. De larges douves l'entourent, dans lesquelles nagent des tortues et des poissons sacrés, auxquels il est pieux de jeter du riz. On entre par une poterne de granit assez lourde, et dont les soubassements sont ornés d'éléphants sculptés en bas-relief. Un escalier de pierre conduit dans une large cour, entourée de constructions vulgaires, logement des bonzes. Dans la cour, s'élève une maison rectangulaire à un étage, aux larges auvents de bois, d'où pendent des lampes. Au premier étage, des fresques grossières représentent les divers supplices de l'enfer bouddhique. Par une porte, aux montants de cuivre, d'ivoire et d'argent, nous arrivons à un réduit sombre et sale, fermé par de lourds rideaux. Sur une table, derrière une forte grille, apparaît un haut reliquaire en or, en forme de cloche. Des colliers d'or l'entourent, surchargés d'émeraudes et de rubis. Cette cloche extérieure en cache d'autres, en bois précieux, en or, en cristal, et, au-dessous, monté dans un lotus d'or, repose la fameuse fausse dent.

Au rez-de-chaussée, une sorte de pas-perdus, où l'on vend aux visiteurs des bougies et des fleurs pour le dieu. Dans un édicule sordide, derrière une grille de cuivre et près d'un bonze assis qui reçoit les offrandes, divers Bouddhas en or, en cuivre, en cristal de roche, précieux et sales.

A huit heures du matin, une fanfare, semblable à celles des pagodes brahmaniques, éclate dans la salle des pas-perdus. L'ostension de la dent commence. Tout le jour, la foule afflue et encombre la cour. Elle obstrue l'étroit escalier ; des mains dressées en l'air supportent, sur des plateaux, des lys et des lotus effeuillés. Prosternés, les mains jointes, ils poussent en chœur des *oh* prolongés qu'on entend de loin.

Sur la façade, une sorte de kiosque octogonal domine les douves. C'est la bibliothèque. Contre les murailles, des armoires vitrées contiennent de longs cahiers en feuilles de talipot, reliés de plaques d'écaille ou d'or, vieux poèmes, antiques rituels, d'un prix inestimable, mais dont les bonzes ne savent pas même indiquer les titres. Sur une table, au milieu du kiosque, d'autres volumes, aussi précieux, recouverts d'un tissu de soie. Des fidèles leur font des prostrations, et leur offrent des fleurs. Et, çà et là, glissant pieds nus, des bonzes, la tête rasée, le corps ceint d'une pièce de toile jaune formant tunique, puis drapés d'une autre toile, en forme de toge, qui leur laisse à nu l'épaule et le bras droits. A la main, les bonzes tiennent un éventail en feuille de palmier, et, quand ils sortent, un parapluie. Éventail et parapluie leur servent surtout à se préserver des regards distrayants.

Ceylan nourrit dix à onze mille bonzes, qui vivent dans les temples ou dans les bonzeries. Faux moines, sans dogme, sans études, sans prières, sans œuvres d'aucune sorte, sans morale. Il y a cinquante ans, à Ceylan, bonzes et bouddhisme tombaient en décrépitude. Il a fallu que des chrétiens leur vinssent rendre la vie. Mme Blavatsky, la première, prit le bouddhisme sous sa tutelle. Mais l'ouvrier le plus actif de cette résurrection tapageuse et néfaste fut un ministre américain, maintes fois divorcé. Éconduit du Thibet, où il avait vainement proposé ses services, il entreprit du moins de réformer et de relancer le bouddhisme cynghalais. D'ailleurs, ennemi acharné du christianisme, il ne voulait rien tant que le détruire. Ses *tracts*, ses conférences, ses catéchismes bouddhiques se réduisaient à des attaques contre la foi chrétienne et contre toute foi. Aussi bien, à Paris, n'éditait-on pas des catéchismes bouddhiques, « approuvés par le grand-prêtre de Sripada, à Ceylan ! » Et ne disait-on pas aux bonzes ébahis, que l'Europe, apostate, allait prochainement adorer Gautama ?

Aujourd'hui que l'Espagne n'a plus même de ministre d'*Ultramar*, nos économistes se croient, plus que jamais, autorisés à condamner ses anciens procédés de colonisation chrétienne. Elle et le Portugal apportaient l'Évangile aux peuples qu'ils conquéraient ; ils les convertissaient. Nous, nous donnons de l'opium à nos tributaires. Indifférents à leurs intérêts moraux, nous les exploitons, quand nous ne les pervertissons pas. Les colonisateurs du XVIe siècle ont été punis, pour d'autres fautes, par la perte de leurs colonies. Nous serons plus fortement châtiés, car notre crime est plus grave. Ce sont des chrétiens, qui, dans l'Inde, restaurent le paganisme. Avant longtemps, peut-être, le paganisme coalisé dans tout l'Extrême-Orient se retournera contre les chrétiens infidèles à leur mission. L'Islam se mettra peut-être aussi de la partie. Ce qui reste de la chrétienté aura, pour lors, un dur réveil.

*
* *

Au bourg d'Ampitiya, tout près de Kandy, au milieu d'un immense domaine de cent hectares, s'élève — large édifice en briques aux tours massives — le séminaire papal. Grandiose fondation, due à la munificence du pape Léon XIII, le séminaire papal est destiné à former un clergé indigène pour l'Inde entière. Tout diocèse y peut envoyer des sujets, qui seront élevés gratuitement. Présentement, Trichinopoly y compte onze séminaristes.

En 1891, S. E. Mgr Zaleski, délégué apostolique, achetait l'immense jungle, devenue aujourd'hui un magnifique terrain de rapport. Il confiait aux Pères Jésuites de la province belge l'écrasant honneur de bâtir et de diriger le séminaire. On ne saura jamais ce que les fondateurs de cette œuvre ont déployé de sagacité et d'énergie pour la mener au point où elle est aujourd'hui. A Mgr Zaleski, surtout, en revient l'honneur. Son tact, son esprit de décision, sa générosité princière, son zèle apostolique, ont rendu facile ce que tout autre que lui eût jugé impossible. Fondre en une communauté de frères, des Indiens différents de castes et de teints, les astreindre à des travaux manuels, leur assurer la formation du meilleur séminaire européen, tout en les gardant humbles et fervents. Il suffit de connaître tant soit peu l'Inde, pour comprendre quel prodige c'est que d'avoir obtenu cela [1].

La province de Belgique s'est montrée généreuse envers Kandy. Elle, qui donne tant d'hommes à ses missions du Bengale et du Congo, elle a pourvu le séminaire papal d'un corps professoral on ne peut plus distingué. Modestes et savants, apôtres des apôtres, ces hommes poursuivent, dans leur solitude, une des plus grandes œuvres que l'Église ait tentées en ce siècle. J'ai gardé de leur mérite et de leur bonté un profond souvenir, et, par delà des mers qu'ils ne repasseront peut-être plus, je tiens à leur envoyer ce témoignage de reconnaissance et d'admiration.

*
* *

Au loin, dans la nuit, le long paquebot blanc scintille. Sur une étroite pirogue, deux rameurs m'y conduisent. Ils chantent, en alternant, une mélopée triste comme un adieu. Les étoiles dansent sur l'eau tranquille. Des parfums viennent de la côte. Je voudrais que le paquebot fût bien loin, pour mieux savourer cette heure de calme. Mais me voilà sur la coupée de *la Ville de la Ciotat*, et soudain, c'est une joie de me retrouver en France.

De grand matin, sans bruit, le navire démarre. Un vol de mouettes le poursuit. Le plumet vert des cocotiers s'agite encore sur les flots, puis la terre d'Asie sombre dans l'Océan.

[1] Voir *Ile de Ceylan. Croquis, mœurs et coutumes*, par le P. J. van der Aa, S. J., Cattier, 1900.

S. E. Mgr ZALESKI, délégué apostolique

Le soleil n'a plus cet éclat qui éblouit et qui tue. Entre des dunes d'or, le navire blanc glisse sur la mer bleue. Suez, à l'horizon, miroite. Portés sur des canots aux ailes blanches, des marchands juifs ou arabes ont envahi le pont. Mais, à Port-Tewfick, un toit ami m'appelle. Je m'y arrête, pour traverser ensuite l'Égypte.

Les admirables couleurs! plus humaines, plus nuancées que celles d'Asie, et si noyées dans la lumière! Et quelles teintes ces hommes rudes savent choisir pour se vêtir, ceux, du moins, que n'ont pas enlaidis les modes européennes! L'azur des *galabiehs* luit, comme un saphir, sur l'or des sables, et les étoffes larges retombent avec harmonie. Mais pourquoi l'Égypte aime-t-elle tant le noir, que l'Inde abhorre? Une longue tunique noire enserre toutes les femmes, et, sur leur *galabieh* blanche, les Bédouins portent un vaste manteau noir.

Beaucoup d'aveugles dans les rues du vieux Suez. Ce sont des êtres sacrés, que tous respectent. Partout, d'ailleurs, de vilains yeux rouges, ulcérés, pleins de mouches!

Dès qu'on abandonne le canal pour s'approcher de la vallée du Nil, la végétation superbe apparaît. Des fellahs nus arrosent leurs champs de maïs ou de coton. Coulées dans un long fourreau noir, le cou chargé de colliers bleus, des femmes défilent, pareilles aux héroïnes de Salammbô. Des buffles, semblables aux buffles de l'Inde, se vautrent dans la vase, des bœufs énormes tournent des norias de bois, et, magnifiques d'indolence, des chameaux poursuivent, en ruminant, leur éternel voyage.

Dans la nuée de poussière grise que

FEMME FELLAH

LA MOSQUÉE DE MÉHÉMET-ALI AU CAIRE : VUE DU MOKKARAM (Cl. Bonfils)

soulèvent nos chevaux, je parcours le vieux Caire, aux mosquées roses et aux rues sombres, aux balcons chargés de lourdes moucharabiés. Posées comme des oiseaux aux bord des toits, des têtes de femmes regardent, du haut des terrasses. — Ensevelies sous le chœur d'une église copte, voici quelques chambres qu'aurait occupées la Sainte Famille. A l'extrémité du vieux Caire, dominant la vallée, la mosquée de Méhemet-Ali dresse au ciel l'aiguille de ses minarets. Grandiose vaisseau, aux dalles d'albâtre, aux murs d'onyx, mais temple vide, où le regard cherche en vain un autel, et que remplit trop peu l'imprécise idée d'Allah. Au-delà de la mosquée, sur l'autre versant de la colline, les tombeaux des califes, aux minarets d'ocre. Adossée à la mosquée, la forteresse, où, prêts à bombarder la ville, les highlanders montent la garde.

Tout à l'est, loin du vieux Caire, le quartier neuf d'Ismaïlieh, aux palais de marbre, débordant de roses. D'élégantes voitures passent, précédées de *Saïs*, aux braies blanches, à la casaque brodée d'or, et qui courent à l'allure des chevaux. Sur un pont, que gardent des lions de bronze, nous franchissons le grand Nil, aux eaux sombres. Désormais, comment accorder un regard aux éphémères villas coquettes? Ici s'ouvre le royaume des grandes choses mortes. Du désert, qui étend, sous ce ciel pur, la ligne d'or de ses sables, surgissent les massives Pyramides. Je n'y pénètre pas sans une religieuse terreur, et, de leur sommet,

LES PYRAMIDES DE GIZEH

où deux Bédouins me hissent, je n'ai d'yeux que pour cette vallée muette, jalonnée de ruines, où, il y a six mille ans, Ménès bâtit Memphis.

Qu'ils ont vu crouler d'empire ces tombeaux, et, quand monte jusqu'à eux, le bruit de nos œuvres vaines, que notre orgueil leur doit faire pitié! En bas, le vieux Sphinx, symbole de la résurrection, regarde l'Orient de ses yeux vides, et, sous terre, une centaine de mètres au sud-est, s'ouvre un temple contemporain de l'ancien empire, et dont aucune cassure n'ébrèche pourtant les piliers de granit.

C'est à Gizeh, dans un palais abandonné d'Ismaïl Pacha — palais de carton, œuvre insignifiante — que le Service des Antiquités a transféré le Musée de Boulaq. Peu de collections font plus d'honneur à la science française. Aucune ne ressuscite mieux l'époque des Pharaons. Voici des stèles et des calcaires qui nous racontent et nous peignent la vie intime d'il y a sept mille ans. Un grand Chephren de diorite assiste, impassible, au bouleversement des choses. Des dessins sur ostraca nous redisent les fantaisies d'artistes millénaires. Ces merveilleux bijoux, ces armes, ces scarabées sont contemporains d'Abraham. Ces grands cadavres momifiés sont la famille de Ramsès III, ou les pères divins[1] d'Amon. Cette femme, dont l'œil blanc me regarde sous sa paupière relevée, est, si je ne me trompe, Taiouhrit, jadis, il y a trente siècles, chanteuse d'Amon-Râ, roi des dieux. Et dans cette vallée que recouvre le sable, sont les plus beaux palais qu'ait vu bâtir le monde!

A Matarieh, où fut Héliopolis, j'ai vu un obélisque et un vieil arbre. L'obélisque est ce qui reste, peut-être, du temple d'Amon. Enclavé dans le jardin du khédive, qui le conserve jalousement, le sycomore — l'arbre de la Vierge — abrita le Sauveur fugitif.

L'ingrate Alexandrie n'a rien gardé des Ptolémées. Qu'est-ce, il est vrai, qu'un règne de trois siècles, pour une terre qui a enseveli des dynasties millénaires? Actuellement, ce qui y sombre, dans cette terre d'Égypte, où passèrent si fièrement saint Louis et Bonaparte, c'est l'influence française. Naguère, elle était prépondérante, mais l'aventure de Fachoda a ouvert la faillite du crédit français en Égypte, et les Anglais la mèneront vite. Entre autres établissements religieux, les deux grands collèges du Caire et d'Alexandrie, tenus par des Jésuites français, restaient d'actifs foyers d'influence nationale. Mais déjà lord

[1] *Nouter atefou*, un titre des initiés, dans l'omnipotente confrérie d'Amon.

Cromer a discrètement prévenu le collège du Caire, qu'il y faudrait bientôt enseigner en anglais, à l'exemple, ajoutait-il, des Pères français de Trichinopoly. Qu'y faire? Le khédive Abbas pacha Hilmi vient d'être nommé citoyen de Londres. Son suzerain n'est plus à Constantinople.

*
* *

Loin de cette Égypte aux destinées incertaines, *le Melbourne* m'emporte vers l'occident aux teintes pâles. Plus de soirs sans crépuscule, mais de lents déclins du jour, semblables à ces adieux qui coûtent, et que l'on cherche à prolonger.

Voici des côtes aux noms familiers : Messine, l'île d'Elbe, la Corse. Voici la France ! Un matin, nous la voyons qui nous attend. Dans un ciel gris d'aquarelle, Marseille se profile, verte et dorée, sa Vierge de la Garde tout en haut, le château d'If au premier plan.

Le pays !... On l'aborde pourtant le cœur serré, comme on frapperait avec angoisse à la porte d'une famille dont les frères seraient divisés. Lui si beau, qu'on s'étonne, en le revoyant, d'avoir été si loin admirer autre chose que lui, lui si affable et si bon, il n'est inhospitalier que pour ses fils !

Terre de dévouement, de foi, de bon sens, et d'où la paix est cependant bannie, que remplissent l'inquiétude, la défiance, l'oppression !

Guérissez-le, Vierge sainte, ce pays malade, où l'on vous honore tant. Au nom de ceux qui la quittent pour aller au loin annoncer votre Fils, sauvez la France, nourricière d'Apôtres !

APPENDICE

ÉTAT DE LA MISSION DU MADURÉ

SUPERFICIE

District du Nord : 2.570 milles carrés
District du Centre : 9.500 —
District du Sud : 5.176 —

Superficie totale : 17.246 milles anglais carrés; soit 44.688 kil. carrés.
(Population totale : 5.132.039 habitants; soit 115 habitants par kil. carré).

I. — *District du Nord* (Trichinopoly)

(Population : 1.375.313 habitants)

CHEF-LIEU DE PANGOU	NOMBRE des CHRÉTIENS	NOMBRE des villages avec CHRÉTIENS	VILLAGES avec ÉGLISES chaux-briques	VILLAGES avec ÉGLISES en terre	VILLAGES sans ÉGLISES	MAISONS pour les PÈRES
Trichinopoly						
— Cathédrale	4.806			1		1
— Paroisse St-Rédempteur.	5.403			1		1
— Paroisse du Collège...	762			1		1
— Villages dépendants de la cathédrale........	5.661	75	37	6	32	1
Aour	7.347	147	13	41	93	3
Dindigul	9.557	52	17	12	23	8
Hanoumandapatti	3.809	19	9	6	4	3
Maleiadipatti	12.325	118	38	16	64	8
Oniour..................	8.384	108	45	18	45	2
Panjampatti	10.025	43	20	9	16	1
Siloucouverpatti	3.906	20	10	5	5	1
	71.985	584	189	116	282	30

N. B. — Ce district compte aussi 4.486 Goanais catholiques, sujets de l'évêque de Méliapour.

II. — *District du Centre* (Maduré)

(Population totale : 2.608.404 habitants)

CHEF-LIEU DE PANGOU	NOMBRE des CHRÉTIENS	NOMBRE des villages avec CHRÉTIENS	VILLAGES avec ÉGLISES chaux-briques	VILLAGES avec ÉGLISES en terre	VILLAGES sans ÉGLISES	MAISONS pour les PÈRES
Maduré	4.011	50	8	14	28	2
Andaourani	4.496	104	1	19	84	4
Calladitidel	3.710	78	4	17	57	5
Ideikatour	4.556	55	11	19	25	6
Iroudeiyacoil	6.808	53	6	34	13	8
Karankade	3.640	94	3	20	71	12
Kouttelour	5.113	88	11	26	51	14
Poulial	4.805	76	9	27	40	9
Rammad	3.475	60	14	16	30	8
Sarougani	2.233	44	1	9	34	2
Souseiapperpatnam	5.507	59	7	31	21	2
Souranam	7.015	163	4	29	130	5
	55.369	924	79	261	584	77

N. B. — Ce district compte aussi 3.160 Goanais catholiques.

III. — *District du Sud* (Pallamcottah)

(Population : 1.916.095 habitants)

CHEF-LIEU DE PANGOU	NOMBRE des CHRÉTIENS	NOMBRE des villages avec CHRÉTIENS	VILLAGES avec ÉGLISES chaux-briques	VILLAGES avec ÉGLISES en terre	VILLAGES sans ÉGLISES	MAISONS pour les PÈRES
Palamcottah	1.487	14	8	2	4	4
Adeikalabouram	1.167	3	1	1	1	1
Edindagarei	5.554	6	5	1		6
Kallikoulam	4.910	50	8	11	31	14
Kamanayakempatti	6.352	70	16	23	40	4
Manapad	1.570	2	2			2
Punikaël	5.361	29	18	10	1	5
Périatalei	3.600	5	4	1		4
Satankoulam	13.800	120	10	26	84	8
Sendamaram	9.600	80	20	28	32	15
Strivillipoutour	10.074	95	14	38	43	2
Tuticorin	5.060	1	1			1
Vadakenkoulam	6.454	12	5	1	6	5
Wembar	5.004	45	10	24	11	10
Virapandiapatnam	2.708	5	3	1	1	4
	82.701	537	125	167	254	85

N. B. — Ce district compte aussi 5.483 Goanais catholiques.

RÉSUMÉ

	HABITANTS	CATHOLIQUES	VILLAGES avec CATHOLIQUES	Villages ayant DES CHAPELLES BATIES	Villages ayant DES CHAPELLES EN TERRE	VILLAGES n'ayant point DE CHAPELLES	VILLAGES ayant un PRESBYTÈRE
District du Nord . . .	1.375.313	71.985	384	189	116	282	30
District du Centre . .	1.840.631	55.369	924	79	261	584	77
District du Sud. . . .	1.916.095	82.701	537	125	167	254	85
Total.	5.132.039	210.055	2.045	393	544	1.120	192

« ROGATE DOMINVM MESSIS
VT MITTAT OPERARIOS
IN MESSEM SVAM. »

(MATT., IX, 38.)

AU TOPPOU DES BRAHMES CONVERTIS (Trichinopoly)

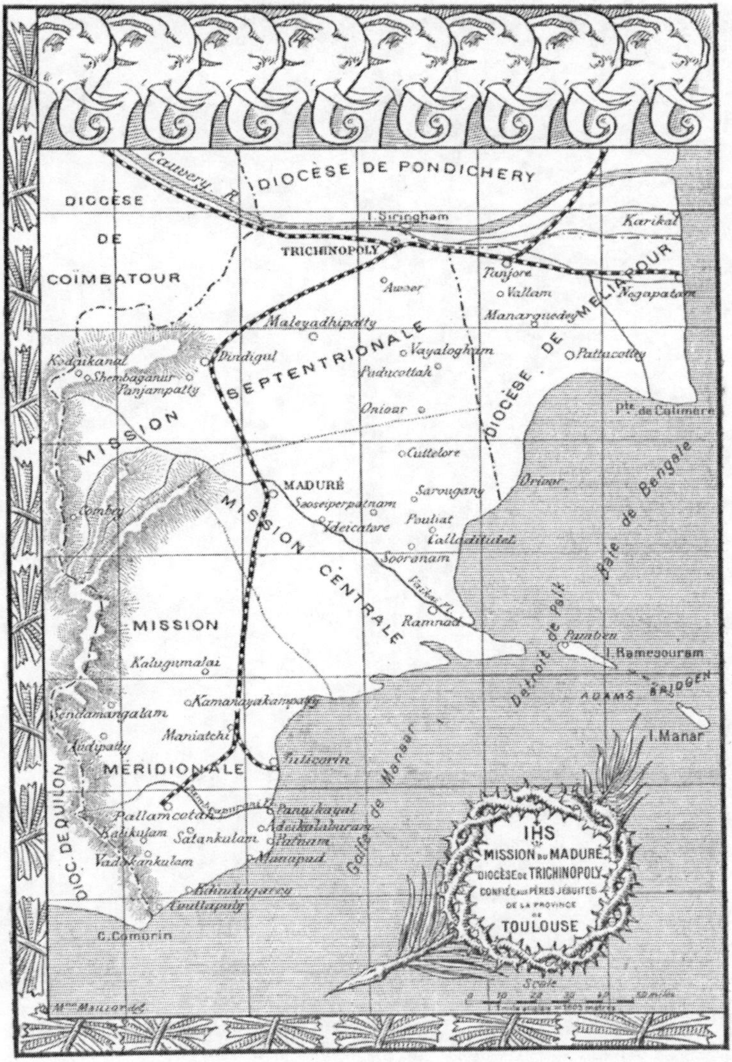
DIOCÈSE DE PONDICHERY
DIOCÈSE
DE
COÏMBATOUR
Cauvery R.
I. Siringham
Karikal
TRICHINOPOLY
Tanjore
Vallam
Negapatam
Manarguedy
DIOCÈSE DE MELIAPOUR
Maleyadhipatty
SEPTENTRIONALE
Kodaikanal
Shembaganur
Panjampatty
Dindigul
Vayaloghum
Puducottah
Pattucotty
Pte. de Calimère
Onioor
MISSION
Cuttelore
Baie de Bengale
MADURÉ
Sarougany
Orivur
MISSION CENTRALE
Idcicatore
Pouliat
Sooranam
Ramnad
Détroit de Palk
Pamben
I. Ramesouram
ADAMS BRIDGE
I. Manar
MISSION
Kalugumalai
Kamanayakampatty
Sendamangalam
Maniatchi
Audipatty
MÉRIDIONALE
Tuticorin
Golfe de Manaar
DIOC. DE QUILON
Pallamcotah
Punnikayal
Kalakulam
Satankulam
Patnam
Vadakankulam
Manapad
Audlapuly
C. Comorin
IHS
MISSION DU MADURÉ
DIOCÈSE DE TRICHINOPOLY
CONFIÉE AUX PÈRES JÉSUITES
DE LA PROVINCE
DE
TOULOUSE
Scale
50 miles

TABLE DES GRAVURES

TABLE DES MATIÈRES

Tours, imp. Deslis Frères. 6. rue Gambetta.